运营公式

短视频 · 社群 · 文案的底层逻辑

佩弦 / 著

電子工業出版社
Publishing House of Electronics Industry
北京•BEIJING

内容简介

本书提到的“运营公式”指运营套路。有了“运营公式”，MCN公司才能流水线般地复制爆款；有了“运营公式”，up主才能保持高质量的日更；有了“运营公式”，零基础的新人也能轻松掌握新媒体运营。

全书共6章，针对新媒体运营的六大模块（账号运营、社群运营、标题写作、软文写作、段子创作、文案策划）深入浅出彻底讲透。同时对24个账号（朱一旦的枯燥生活、papi酱、李子柒、罗翔说刑法等）和7个社群（瑞幸咖啡福利群、姜茶茶广告行业交流群、薄荷阅读英语学习群等）进行复盘讲解。

针对任何想要学习新媒体（抖音、快手、视频号、B站、知乎、头条号、公众号、小红书等）运营的人，本书采用浅显易懂的语言、一看就懂的公式、生动有趣的案例故事，帮助其轻松入门、一通百通。

图书在版编目（CIP）数据

运营公式：短视频・社群・文案的底层逻辑 / 佩弦著. —北京：电子工业出版社，2021.9
ISBN 978-7-121-42003-0

Ⅰ.①运… Ⅱ.①佩… Ⅲ.①传播媒介—运营管理 Ⅳ.①G206.2

中国版本图书馆CIP数据核字（2021）第187611号

责任编辑：董　英
印　　刷：三河市龙林印务有限公司
装　　订：三河市龙林印务有限公司
出版发行：电子工业出版社
　　　　　北京市海淀区万寿路173信箱　　邮编：100036
开　　本：720×1000　1/16　　印张：14　　字数：224千字
版　　次：2021年9月第1版
印　　次：2021年9月第1次印刷
定　　价：69.00元

凡所购买电子工业出版社图书有缺损问题，请向购买书店调换。若书店售缺，请与本社发行部联系，联系及邮购电话：（010）88254888，88258888。

质量投诉请发邮件至zlts@phei.com.cn，盗版侵权举报请发邮件至dbqq@phei.com.cn。

本书咨询联系方式：010-51260888-819，faq@phei.com.cn。

作者介绍

◎ 佩弦[xián]，网易云课堂新媒体导师，知识区up主。

◎ 作者将经典理论（传播学、营销学、心理学）融会贯通，并结合各个新媒体平台（抖音、快手、视频号、B站、知乎、头条号、公众号、小红书等）的特点，总结出一系列公式，包括账号运营公式、社群运营公式、标题写作公式、段子创作公式等。即便零基础的人也能轻松入门，快速上手，顺利变现。

◎ 作者常年对姜茶茶、papi酱、朱一旦、李子柒、杨毅侃球等账号做专项研究，使用生动有趣的案例牢牢抓住学员的注意力。

◎ 作者在网易云课堂有超过15 000名付费学员，图书《爆款文案写作公式》被网易哒哒评为“网易内部运营必读书”。

大咖评价 •••

万事皆有“套路”，找到对标账号，拆解学习和模仿创新是内容人的快速成长路径。佩弦老师研究了成百上千的头部内容，凝练出这本《运营公式》，值得好好学习。

——知乎教育教研负责人　朱明月

在这个人人都做自媒体的时代，你是否已经做好了乘风破浪的准备？读完《运营公式》，我也有跃跃欲试做一个网红工具人的冲动。

——36氪四川总经理　蔡红

《运营公式》这本书深入浅出，让读者能够看得懂、学得会、用得上，推荐新媒体同行阅读。

——知乎大V、《网感》作者　李嗲Lydia

运营有模板，爆款有“套路”——佩弦老师的新书有趣有料，提供了一个不错的入门选择。

——网易云课堂课程运营经理　蒋贝

●●● 网友评价

“言简意赅地讲解新媒体运营的技巧，对我很有启发，给满分！”

——网易云课堂学员对“和佩弦一起学文案”课程的评价

“刚接触新媒体时，就知道两个名字，做PPT的秋叶和做文案的佩弦。希望学习他们的经验，做好自己的事情。”

——网易云课堂学员对“和佩弦一起学文案”课程的评价

“不愧是营销课，专业解说+精彩话语。”

——B站网友对“佩弦讲新媒体”系列视频的评价

“up主内容挺好的，简短易懂，都是用当下最火的网红做讲解，关注了，加油！”

——B站网友对“佩弦讲新媒体”系列视频的评价

“老师讲得很不错啊，对为人处事很有帮助。”

——B站网友对“佩弦讲新媒体”系列视频的评价

“直接抓核心，粉了。”

——知乎网友对“佩弦讲新媒体”系列视频的评价

自序

我的初心：为运营人排忧解难

写这篇自序的时候，是我从业的第13个年头。

我眼中的新媒体运营是一个行业门槛较低、就业面广、薪资上升空间大的职业，也因此成为不少毕业生、转行者的选择。

与此同时，我发现大多数新人在入行后，会陷入整天“盲茫忙”的状态，样样都在做（文章编辑、拍摄剪辑、活动策划、社群维护），样样都没做精。花费不菲的价格购入拍摄器材，又病急乱投医地报了号称能速成的运营班，到最后KPI却完不成，难免会丧失耐心和信心。

这些现状一直在驱动我思考，直到2016年我得到了在网易云课堂开课的机会。

我的绝招：用公式教新媒体运营

我推出的第一套课程是培训标题写作。在备课时我发现，市面上同类教材的思路都是给读者罗列十几个标题技巧。这样做对课程设计者倒是省事，但存在三个问题：一是以偏概全，因为标题技巧远不止这些；二是不同的新媒体平台的标题写作规则略有差别；三是没抓住核心，解决不了实际问题，更谈不上让学员举一反三了。

美国广告大师詹姆斯·韦伯·扬曾说："创意，就是旧元素的新组合。"我当时的思考是，标题形式虽然"千变万化"，但终究有"万变不离其宗"的底层逻辑。

经过反复思考和求证，我原创了一套公式来教学员写标题。课程一经发布，不少学员购买后给出好评。受此激励，在之后的5年间，我又先后总结出软文写作公式、账号运营公式、社群运营公式。

我的研究对象：新媒体时代的头部账号和背后的人

我在本书中所分析的案例，都是你耳熟能详的头部自媒体账号：朱一旦的枯燥生活、papi酱、李子柒、罗翔说刑法、杨毅侃球、姜茶茶、美食作家王刚等。这些账号的主理人，是我写作的富矿，更是你学习新媒体运营的绝佳榜样。

他们很早就清楚自己的核心竞争力是什么，并擅长通过新媒体放大自己的优势。正如中国最大的体育自媒体"杨毅侃球"的创办者杨毅所说："我的核心价值就是我的表达能力不错，我小时候学过评书，练过专业体育，我能够用深入浅出的方式表达专业的内容。"

他们在风口来临之前准备多年，之后才站在风口一鸣惊人。正如李佳琦所说："一个人最大的幸运，是在发现自己使命的时候，遇到了风口。”他们个个都很拼，动力来源于良性竞争和时代红利，正如薇娅感谢李佳琦时所说的：“一个人斗志最强的时候，是前面有肉、后面有狼（的时候）。”

他们在账号运营初期，同样像门外汉一样摸不清运营规律，直到在某一个时刻突然开窍，至此播放量、粉丝数才迎来爆发式的增长。“朱一旦的枯燥生活”前导演张策在“张策的短视频创作课”上分享过：“我曾经像一个中餐馆的大厨，对街对面的‘汉堡店’抱有敌意，鄙视那里的观众只喜欢‘吃垃圾食品’，而不喜欢静下心来好好享受花时间精心做视频。直到有一天，我也选择做‘汉堡’，视频发布后第二天就口口相传，我才猛然醒悟，原来手机拍摄就够了！第一句话把人抓住，然后想到一个好玩的高潮点一个反转，中间发生点有意思的事情，结尾加一个小亮点或一句口头禅——这个结构好像做汉堡啊，面包、肉饼、生菜、酸黄瓜，咔一夹，成了！”

你的收获：一份购买，多份福利

◎ 本书共6章，涵盖11个可套用的公式+31个案例拆解+34项应用技巧，一本书让你彻底搞懂新媒体六大模块（账号运营、社群运营、标题写作、软文写作、段子创作、文案策划）。

◎ 本书读者可免费观看配套视频课程（搜索作者公众号“佩弦讲新媒体”关注后回复“福利”）。

◎ 在写书的时候，我查阅了国内各大媒体对30多位头部内容创作者的数百篇报道和专访视频，如果你有兴趣，可在我的公众号找到原文链接，一次看过瘾。

◎ 如果你正在做自媒体，欢迎来我的微信群分享作品。

本书的读者对象有哪些

◎ 大专院校广告、传媒、编导、新媒体、市场营销等专业的学生和老师。

◎ 想从事短视频运营、内容编辑、广告文案、社群运营等职业的求职者。

◎ 在账号运营、社群运营和变现过程中遇到瓶颈的人。

◎ 朱一旦的枯燥生活、李子柒、papi酱、姜茶茶、美食作家王刚等自媒体账号的粉丝。

◎ 企业市场部、品牌部、新媒体部、电商部的负责人。

◎ 想靠副业增加一份收入的人。

特别致谢

本书的问世，离不开许多人的鼓励、指正与支持。我在这里由衷地感谢你们（排名不分先后）：

感谢知乎教育教研负责人朱明月、36氪四川总经理蔡红、知乎大V+《网感》作者李嗲Lydia、网易云课堂课程运营经理蒋贝推荐本书；

感谢网易云课堂提供的平台，让我有机会分享自己的知识和经验；

感谢网易哒哒和网易沸点工作室，把我的图书《爆款文案写作公式》列为“网易内部运营必读书”；

感谢我的所有学员和粉丝们，你们的弹幕、评论、私信、点赞、购买，都给了我莫大的鼓励。

佩弦

2021年9月于成都

读者服务

微信扫码回复：42003

免费获取本书配套的26节视频课程

加入本书读者交流群，与作者互动

获取【百场业界大咖直播合集】（持续更新），仅需1元

注：本书中，B站指哔哩哔哩，up主指B站的内容创作者。

目录

●●● 第一章

零基础，入门新媒体账号运营

一、视频号、抖音号、头条号、公众号等难做，怎么办

开了视频号→每天发vlog记录自己两点一线的日常→点赞和粉丝少得可怜→放弃。

开了抖音号→第一周发段子→数据不好→第二周做美食探店→还是数据不好→第三周做搞笑剧情→数据更低了→买了DOU+→还是没播放量→放弃。

开了头条号→每天“搬运”一部别人的作品→点赞轻松过万→被封号→放弃。

开了公众号→信心满满地写了一篇文章→发朋友圈，请求大家关注转发→亲戚好友帮忙转发→阅读量达到最高峰→第二次、第三次就没有朋友转发了→阅读量低到几百→觉得没动力写了→放弃。

开了B站号→每天录制一部讲课视频→坚持了2个月，平均播放量没过百，零星几个弹幕是“枯燥”“看困了”→放弃。

开了知乎号→光是一个提问就吭哧吭哧写了1万字→获得80个赞→欣喜之余，看到别人仅用6个字就获得1 000个赞→觉得不公平→放弃。

开了喜马拉雅号→每天录音频讲段子→折腾了半年，粉丝数没过百→差点把自己给整抑郁了→放弃。

开了微博号→准备卖避孕套产品，发誓赶超杜蕾斯官微→每一则文案都精心编写，每一张图片都精心设计→坚持了半年，粉丝数却不到1 000→一怒之下买了僵尸粉→销量依然低迷→觉得现在做微博太迟了→放弃。

……

二、新媒体账号的底层逻辑，一个公式彻底讲透

为什么有的人学新媒体，可以轻松入门+快速变现；而大部分人，却高调立flag+快速放弃？并不是大部分人不努力，也不是天赋不够，而是他们没看透底层逻辑。

万事开窍难。《教父》里有句话极其经典：“花半秒就看透事物

本质的人，和花一辈子都看不清事物本质的人，注定有截然不同的命运。”

账号运营尤其如此，谁能更早看清本质，谁就会获得更好的运营结果。看透本质的人知道，自媒体账号具有两种属性：产品属性和媒体属性。产品属性的意思是，一个账号为满足市场需求而生，并且需要不断满足广大用户的需求。媒体属性的意思是，一个账号需要持续地赢得广大用户的注意力。用公式来表示就是：

$$N冲突\times解决冲突^n\times注意力^n=账号运营公式$$

注：本书中的公式是一种形象的表达，这里N指用户数量，第一个n指解决冲突的次数，第二个n指赢得注意力的次数。

（一）变量1：N冲突

开始运营一个账号之前，要谋定而后动，首先你需要找到用户面临的冲突，冲突产生需求；同时你需要确保这样的用户数量足够多。

冲突是一个多义词，有以下3层含义。

1. 冲突=难以兼得

“难以兼得”指难以同时满足，例如一件商品，尤其是奢侈品，要想同时满足“低价”和“优质”，往往存在冲突；对于上班族，“空闲时间太少”和“一部电视剧要花几周时间看完”存在冲突。

2. 冲突=渴望+障碍

“渴望+障碍”指用户想做一件事，但是在现实中却有一个因素阻止了用户的欲望和行为。例如，普通人想逆袭，在现实中却得不到出头机会；想学习新技能，在现实中却找不到老师带路；想打发无聊时间，在现实中却找不到消遣娱乐的方式；想摆脱孤独，在现实中却找不到人陪伴倾诉。渴望和障碍越强烈，冲突也就越强烈。

3. 冲突=矛盾+憋屈

“矛盾”指在现实生活中，由于人们的立场观点、思想感情、理想愿望及利益等不同而产生的矛盾。如果人体内持续堆积愤怒的情绪，就容易憋出内伤。

（二）变量2：解决冲突^n

找到用户的冲突后，需要提供有效的解决方案。解决方案需满足以下条件。

1. 高频输出合规化内容

合规化指账号发布的内容需要合乎法律规定和平台规则。

为了营造良好的网络生态，保障公民、法人和其他组织的合法权益，维护国家安全和公共利益，构建天朗气清的网络空间，国家互联网信息办公室于2019年12月15日发布《网络信息内容生态治理规定》，其中第六条明确了网络信息内容生产者禁止触碰的十一条“红线”：

> 一是反对宪法所确定的基本原则的；二是危害国家安全，泄露国家秘密，颠覆国家政权，破坏国家统一的；三是损害国家荣誉和利益的；四是歪曲、丑化、亵渎、否定英雄烈士事迹和精神，以侮辱、诽谤或者其他方式侵害英雄烈士的姓名、肖像、名誉、荣誉的；五是宣扬恐怖主义、极端主义或者煽动实施恐怖活动、极端主义活动的；六是煽动民族仇恨、民族歧视，破坏民族团结的；七是

破坏国家宗教政策，宣扬邪教和封建迷信的；八是散布谣言，扰乱经济秩序和社会秩序的；九是散布淫秽、色情、赌博、暴力、凶杀、恐怖或者教唆犯罪的；十是侮辱或者诽谤他人，侵害他人名誉、隐私和其他合法权益的；十一是法律、行政法规禁止的其他内容。

网络信息内容生产者违反上述规定，网络信息内容服务平台应当依法依约采取警示整改、限制功能、暂停更新、关闭账号等处置措施，及时消除违法信息内容，保存记录并向有关主管部门报告。

2. 高效抢占碎片化时间

碎片化时间指用户等车、上下班路上、蹲厕所、等待会见客户、中午排队等餐等零碎时间。

在碎片化时间下，用户处于一个嘈杂的环境中，用户的注意力并非完全集中、耐心极其有限。如果你提供的内容不能迅速地解决他们的问题，或者符合他们的胃口，就会被他们无情抛弃。

3. 高速生产标准化产品

标准化产品指对同类型的产品和工程规定统一的技术标准，并据此投产和建设。

工业化市场的核心竞争优势是什么？不是艺术，更不是经典，而是两个词：低成本、可复制。

一个药剂师有了“可口可乐的配方”，一天可调制10瓶可乐。要扩大供给，药剂师就需要找帮手，一天可复制100瓶可乐。要做大做强，就会与资本捆绑，建工厂、买设备、招工人，一天可生产1 000 000瓶可乐。

同理，做自媒体账号，起初往往是一个人，也需要先摸索出风格如

一、持续高数据的“标准化产品”，接受市场的检验后，再招聘助手或组建团队，用流水线的方式炮制爆款。

例如，“朱一旦的枯燥生活”前导演张策认为：“剧本的创作很简单，有一个骨架，加一些通俗的情绪，加一些人物的身份，再输入理念和论据，一集新的剧本就出现了。”

又如，up主敬汉卿在2019年4月25日发布的视频“我拥有两百万粉能赚多少钱？为你揭露网红流水线是怎么回事”中透露：“寻找好一个模式，我们就疯狂复制这个模式，然后我们会流水线般地生产网红。”

4. 高度聚焦垂直领域

垂直领域指某一行业或某一部分，粉丝属性限定为某类特定群体。一个新媒体账号需要专注于一个垂直领域，专注服务一类人；账号定位越垂直，粉丝越精准，获得的精准流量就越多，变现就越轻松。如果你的账号内容领域混乱，今天发美食内容，明天发体育内容，平台就不知道为你打什么标签，那么相应地在进行推送时，就不知道该把你的账号推送给哪一部分用户群体，这样会影响你的账号权重，以及未来变现。

5. 高频生产功能化产品

顾客购买一种产品，实际上是购买产品所具有的功能和产品的使用性能。例如汽车有代步功能，冰箱有食物保鲜功能。同理，你的自媒体账号也需为用户提供以下功能中的一种或多种。

（1）**信息传递功能**。掌握充分信息的up主或作者，可通过向信息贫乏的用户传递可靠的第一手信息而在市场中获益。

爆款账号	相似媒体
“四川观察”抖音号	中央电视台

（2）**知识普及功能**。掌握专业知识的up主或作者，可通过向小白用户传递干货知识而在市场中获益。

爆款账号	相似产品
“美食作家王刚”B站号、“罗翔说刑法”B站号	厨师培训教材、司法考试书籍

（3）**信用背书功能**。直播带货为什么普遍便宜？因为没有中间商赚差价，厂家直供。主播和淘宝直播平台做信用背书，为用户提供价廉物美的商品。

淘宝直播头部主播	相似模式
李佳琦、薇娅	电视购物

（4）**打发无聊时间功能**。人的欲望得不到满足就会感到痛苦，得到满足了就会感到无聊，始终像钟摆一样，处在两种状态。对此，可向用户提供娱乐消遣的内容，使其在空闲时间不会感到无聊。

爆款账号	相似产品
“美少女小惠”抖音号、“伊丽莎白鼠”B站号	“王者荣耀”手游

（5）**节省时间功能**。看一部电影、读一本书，至少要两小时，但是用户没有时间或缺乏耐心怎么办？要是被一部烂片浪费了时间怎么办？聪明的内容生产方，用3～5分钟讲解一部电影或一本书，大大节省了用户的时间。

爆款账号	相似产品
“毒舌电影”抖音号、“有书快看”B站号	“得到”App

（6）**慰藉人心功能**。针对用户面临的情感障碍、心理问题，up主或作者可向其提供疗伤治愈内容，帮助其释放负面情绪。

爆款账号	相似产品
“一禅小和尚”抖音号	鸡汤文学

（7）**社交货币功能**。社交货币的观点认为，我们在微信或微博上讨论的东西就代表着并定义了我们自己，所以我们会倾向于分享那些可以使我们的形象看起来更积极、更美好的内容。up主或作者可利用人们乐于在社交媒体中与他人分享的心理来塑造自己的产品。

爆款账号	相似产品
“同道大叔”公众号	喜茶

（三）变量3：注意力^n

在信息爆炸的时代，大众的注意力是网络时代的“石油”，被各方抢夺。所以你看到顶尖的MCN（Multi-Channel Network，多频道网络）公司、网红，全是掌控人们注意力的高手。“素人”想要在网上被人关注，企业想要上热搜，需要找到不断赢得注意力的办法。

1. 注意力对象有哪些

（1）**目标受众**。目标受众有多重身份，既可以成为信息接收者（观众、读者、听众），也可以成为内容参与者（评论、点赞、发弹幕），又可以成为话题讨论者，还可以成为消费者（购买带货、种草商品）。

◎ **信息接收者**。中国互联网络信息中心发布的第47次《中国互联网络发展状况统计报告》显示，截至2020年12月，我国手机网民规模为9.86亿，短视频用户规模为8.73亿，直播用户规模达6.17亿。在网民收入结构中，有51.1%的网民月收入不足

3 000元，月收入在5 000元以上的占比29.3%。在网民学历结构中，初中学历的网民群体占比40.3%，大学本科及以上仅占9.3%。在网民职业结构中，学生最多，占比21%，其次是个体户、自由职业者，占比16.9%。

App	用户年龄	男女比例	数据来源
快手	30岁以下的年轻人超过70%	52:48	快手大数据研究院《2019快手内容生态报告》
抖音	年龄集中在19～30岁	52:48	巨量引擎商业算数中心《2020抖音用户画像报告》
今日头条	19～35岁占比近7成	56:44	巨量引擎商业算数中心《2019今日头条用户画像》
知乎	78.7%的用户年龄在30岁以下	57:43	知乎招股书
喜马拉雅	用户群体年龄主要在20～35岁	52:48	易观千帆数据
淘宝直播	64.7%的用户年龄在30岁以下	31:69	艾媒咨询和O'RatiNgs数据监测
B站	18～35岁用户占比78%	57:43	B站品牌研究部《B站2020年营销通案》
小红书	30岁以下的用户占比63.4%	21:79	艾媒咨询
微博	30岁以下的用户占比77%	55:45	艾媒咨询

◎　**内容参与者**。例如在B站，用户观看视频时，鼓励up主的方式有三种，即点赞、投币、收藏。“三连”就是三个全点，是对up主最大的支持，能让更多人看到up主的视频，上首页获得更多亮相的机会。

◎　**话题讨论者**。

知乎话题	数据
如何看待papi酱结婚5年，亲家没见过面，过年各回各家，这种相处模式是否适合大多数普通夫妻？	813个回答
李子柒和华农兄弟哪个是真实的农村生活？	2 962个回答

续表

知乎话题	数据
如何看待“朱一旦的枯燥生活”的视频“一块劳力士的回家之路”？	2 014个回答
如何评价中国政法大学罗翔教授入驻B站，粉丝超过450万？	450个回答
你买到的李佳琦“种草”的东西，真的好用吗？	2 082个回答
为什么央视那么多钱请超一线大厨来做的烹饪节目没火，只是一般厨师厨艺的美食作家王刚却火了？	666个回答

◎ **产品消费者。**

up主	商品
李子柒	螺蛳粉、藕粉、鲜花饼、蛋黄酥、牛肉酱等
同道大叔	公仔、办公用品、主题周边等
美食作家王刚	火锅底料、钵钵鸡底料、冷吃牛肉、豆瓣等
杨毅侃球	图书、卫衣、T恤等
丁香医生	健康日历、健康商品等
一禅小和尚	茶叶、茶杯、日历、图书等

（2）**关键人**。在作品传播中，如果有幸得到关键人的助力，那么效果自然是以一当万。关键人包含关键推动者（名人、大V）、关键评论者和关键创作者。

◎ **关键推动者。**

账号	名人、大V转发
“杜蕾斯”微博	@全球热门排行榜、@我们都爱讲冷笑话、@冯远征、@杜子健、@路透社
“黎贝卡的异想世界”公众号	姚晨、章子怡、黄晓明等明星转发

◎　关键评论者。

账号	文章
“三表龙门阵”公众号	“像李佳琦一样爱女神”“以罗翔为镜”“进入射程的papi酱”
“粥左罗”公众号	“薇娅亲口感谢李佳琦：一个人斗志最强的时候，是前面有肉、后面有狼”“14岁辍学打工，28岁红遍全网的李子柒：该拼命努力的年纪，别卖惨”
“阑夕”公众号	“papi酱：千金市骨的现代故事”“对话|胡辛束：从我身上，可以读懂自媒体的焦虑和挣扎”“朱一旦的灵魂与皮囊”
“阿扶frits”B站号	“300万人在线催更！何同学疯狂涨粉凭什么？”“半年涨粉近1 000万，罗翔爆火也就看起来简单”“两个月爆涨150万粉，半佛仙人究竟做了什么？”

◎　关键创作者。

up主	代表作
女孩为何穿短裙	“张三罪大滔天 弄得百姓怨声载道”
UP-Sings	“【朱一旦RAP】有钱，枯燥”“罗翔——张三跳舞好猛呀”
伊丽莎白鼠	“【电音单曲】我是papi酱”
不吃花生的夏洛克	“【罗翔】张三的千层罪名”“【朱一旦】以富之名”
龙大人不喷火	“【克罗地亚狂想曲】papi酱，就得这么做”“我是一个保安，名字叫作张三”

（3）**相关机构**。当账号影响力越来越大时，相关机构会像鲨鱼闻到血一样来寻求合作机会。

◎　投资机构。

投资机构	被投自媒体
真格基金	胡辛束、新世相、二更、KnowYourself
合鲸资本	一条、毒舌电影

续表

投资机构	被投自媒体
高榕资本	敬汉卿、饭统戴老板、真实故事计划

◎ MCN机构。

MCN机构	企业名称	旗下达人、主播
微念	杭州微念科技有限公司	李子柒、十元诗苑等
美ONE	美腕（上海）网络科技有限公司	李佳琦、付鹏等
谦寻	谦寻（杭州）文化传媒有限公司	薇娅Viya、小侨Jofay、李响、林依轮等
大禹网络	苏州大禹网络科技有限公司	一禅小和尚、认真少女_颜九等
papitube	泰洋川禾集团	Bigger研究所、滇西小哥、王蓝莓、itsRae、爆胎草莓粥等
洋葱视频	成都洋葱新未来网络科技有限公司	办公室小野、代古拉k、七舅脑爷等
鼓山文化	北京鼓山文化有限公司	银教授、我的前任是极品、英国报姐等
星城微创	长沙星城微创文化传媒有限公司	美男子顾北、美少女小惠

◎ 媒体机构。

媒体	采访、报道、评论
人民日报	“【荐读】因为李子柒，数百万外国人爱上中国” “直播前，薇娅因为这件事提到了袁隆平”
GQ报道	“朱一旦的枯燥生活：用有钱人的视角讲述平凡人的故事”“幸存者李佳琦：一个人变成算法，又想回到人”
南方周末	“聚光灯下的罗翔：我们与法的距离” “薇娅是怎么成为淘宝第一主播的？” “王刚：一个美食博主的笨拙走红”
南方都市报	“李子柒是文化输出，而且是我们所需要的文化输出”“papi酱：嬉笑怒骂，全都是戏”
三联生活周刊	“李子柒的田园牧歌可以复制吗？”“刑法教授罗翔为什么火了？”

续表

媒体	采访、报道、评论
新榜	“专访视频号‘一禅小和尚’：如何5个月涨粉200万，单条播放近3亿？”“专访朱一旦：内容做得好的，没有一个特别‘正常’”
36氪	“淘宝第一主播薇娅：我现在只要休息，就很紧张” “李佳琦吞下‘红药丸’，成为商业世界的宠儿”
时尚先生	“张大仙：‘一年365天都在直播，我能装成啥样？’”“饭圈女孩：心疼李佳琦”“老板朱一旦和他三线小城的员工们”

◎　**娱乐机构。**

娱乐节目	节目嘉宾
《吐槽大会》	李佳琦、薇娅、朱一旦、罗翔、papi酱
《拜托了冰箱》	papi酱
《十三邀》	薇娅
《嘿！你在干嘛呢？》	李佳琦
《奇葩说》	papi酱、罗翔
《大叔小馆》	美食作家王刚

◎　**出版机构。**

出版社	出品方	图书	作者
北京联合出版公司	磨铁图书	《薇娅：人生是用来改变的》	薇娅
上海文艺出版社	读客文化	《你总说没事，但我知道你偷偷哭过很多次》	一禅小和尚
云南人民出版社	果麦文化	《刑法学讲义》	罗翔
四川人民出版社		《千万不要认识摩羯》	同道大叔
中信出版社		《小顾聊绘画》	顾爷
浙江文艺出版社		《我想要两颗西柚》	胡辛束

（4）**内容平台**。优质内容可以吸引新用户，提升存量用户的留存率。这也是为何各大内容平台通过加大补贴吸引和留存优质创作者的原因。

内容平台	激励政策
B站	陆续推出“创作激励计划”“Vlog星计划”“音乐星计划”“好奇心计划”，对优质内容给予奖金激励，让up主告别“为爱发电”
抖音	陆续推出“创作者成长计划”“原创者联盟计划”“DOU知计划”“DOU艺计划”，通过加强流量扶持等方式，鼓励原创作者持续产出优质内容
快手	陆续推出“媒体号up计划”“百万游戏创作者扶持计划”“光合计划”“美食家计划”“区域作者招募计划”，为优质内容提供流量扶持
今日头条	陆续推出“千人万元计划”“礼遇计划”“青云计划”“创作者收益计划”“头条行家计划”，结合奖金、签约的方式，激励优质原创内容
西瓜视频	陆续推出“西瓜出品计划”“万花筒计划”“万元月薪计划”，给予高质量内容创作者流量支持和奖金激励
喜马拉雅	陆续推出“淘声计划”“万人十亿新声计划”“谢谢你的爱·主播回报月”，给予主播流量扶持和现金激励
知乎	陆续推出“致知计划”“海盐计划”，使优质内容享有计划之内的流量、现金等权益

2. 如何持续赢得注意力——11项技巧任你选

我总结了11项持续赢得注意力的技巧，这些技巧激活了人脑的反应系统，通过单独运用和组合运用，就可以捕获关注。

（1）**感官反应**。感官反应指人类会下意识地将注意力放在关乎我们安全和生存的景象（性、美食）、声音和其他感官线索上的生理反应。此外，还有其他感觉系统在发挥作用，比如被注视感、辣味感、热觉感、高空感等，共有20多种感觉系统。这都是由于我们的祖先在不断地与周围环境进行生存斗争，而进化出的能对周围环境高识别、高反应的应对机制。

（2）**热点效应**。热点效应指人类往往会对最新发生的、被大多数人议论的新闻产生积极的心理反应，不仅表现得非常敏感，而且容易印象深刻。因为每天看看热搜、看看头条，保障了我们构建的认知世界的完整性；关注时事政治，让我们感受到自己是这个社会的一员。

（3）**接近效应**。接近效应指当人们某些方面的特征相似或时空接近时，就容易产生熟悉感，进而产生好感的心理现象。接近性包含观点接近、利益接近、地域接近、兴趣接近、时间接近和价值观接近等。

人们在接收信息时，总是不由自主地、自动地把那些与自己毫不相干的信息排除在自己的注意范围之外，同时会主动地回避那些与自己固有观念相悖的或者自己不感兴趣的信息，只注意那些与自己的固有观念一致的，以及自己需要和关心的或者对自己有用的信息。

（4）**榜样效应**。榜样效应指主流媒体为影响和激励大众，会有意找寻先进典范进行重点宣传。在此过程中，有的网红会获得扶持。

心理学研究表明，人是最富有模仿性的生物，人的大部分行为是模仿行为，而榜样行为则是模仿行为发生的关键。榜样内在的感染、激励、号召、启迪、警醒等功能，都发挥着重要的示范激励作用。

（5）**戏剧冲突效应**。戏剧冲突效应指人类会下意识地将注意力放在人与人之间的矛盾关系、人物的内心矛盾、外部环境的冲突上。戏剧冲突是构成电影情境的基础，是展现人物性格、反映生活本质、揭示作品主题的重要手段。

（6）**认知冲突效应**。认知冲突效应指在接收信息的过程中，用户原始性的认知结构与当下所面对的内容形成了矛盾，在新旧知识之间存在着某种差异性，进而导致心理失衡、引发关注的效应。

（7）**“哀兵”效应**。“哀兵”原指受压迫而悲愤地奋起反抗的军队。“哀兵”效应指使人们出于同情等因素对现实生活中的弱势群体表示支持的现象，例如遭遇家暴的女性、被欺负的外卖小哥，总能在舆论上赢得压倒性的同情和支持。

（8）**马太效应**。马太效应反映了当今社会存在的一个普遍现象，强者恒强，即赢家通吃。无论主播、up主还是网红，一旦在某一方面（如销量、资源、名誉、地位等）获得成功和进步，就会产生一种积累优势，就会有更多的机会取得更大的、持续性的曝光量和注意力。

（9）**名人效应**。名人效应指名人的出现所达成的引人注意、强化事物、扩大影响的效应。因为名人知名度高，为大众所熟悉、喜爱，所以名人更能引起人们的好感、关注和记忆。

（10）**权威效应**。权威效应指一个人如果地位高、有威信、受人敬重，那么他所说的话及所做的事就容易引起别人重视，并让人相信其正确性。

权威效应的普遍存在，首先由于人们有“安全心理”，即人们总认为权威人物往往是正确的楷模，服从他们会使自己具备安全感，增加不会出错的保险系数；其次由于人们有赞许心理，即人们总认为权威人物的要求往往和社会规范相一致，按照权威人物的要求去做，会得到各方面的赞许和奖励。

（11）**怀旧效应**。怀旧效应指我们变得越老，对过去的缅怀就会变得越强烈，我们会对无忧无虑的童年、青少年时期和伴随一生的二十出头那几年喜欢的音乐、电影、电视、流行以及产品所偏好的心理反应。从心理学层面分析，怀旧是一种心理防御机制。当我们面临矛盾和冲突的时候，我们就会通过怀旧，通过对过去的回忆，来寻求安全保护。

3. 如何扩大注意力范围

（1）**多平台分发**。什么叫多平台分发？就是一篇文章或一个视频被同步到不同的平台，去赚取多个平台的收益，涵盖更多用户群体。

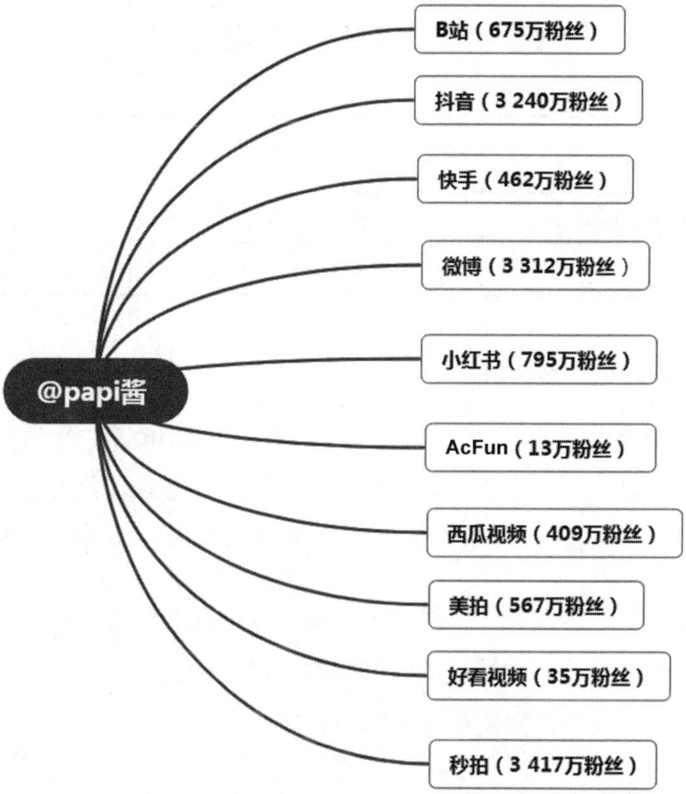

（2）**联合营销**。联合营销指两个以上的up主或企业拥有不同的关键资源，彼此的市场有某种程度的区分，为了彼此的利益，进行战略联盟，交换或联合彼此的资源，合作开展营销活动，以创造竞争优势。联合营销的主要优点，一是投入少，收效大；二是借合作方的知名度为自己增加新的粉丝。

up主与up主联合营销	B站视频
朱一旦X罗翔	应聘保洁被骗光所有积蓄，朱一旦向罗翔求助！

up主与明星联合营销	抖音视频
papi酱X周冬雨	等等，我的视频出问题了，怎么闯进来个莫名其妙的人？@周冬雨

企业和企业联合营销	公众号文章
滴滴快车X万科	滴滴快车X万科 为你定制接机

4. 如何降低注意力成本

（1）**人设打造**。人设是什么？人设是一个由up主、粉丝、媒体、路人等全社会参与构造的叙事。个人由路人转为粉丝，是在自我投射、自我移情和自我补偿三种心理机制下实现了从偶像认同到自我认同。

为什么要打造人设？不同于传统影视作品耗费数个小时刻画人物形象，社交媒体给予人物展现的时间极其有限，因此需要选取角色的一至两个点来重点包装，方便观众识别和记忆。

如何打造人设？其一，首先要对自身有一个清楚的定位：我是谁？我是干什么的？我凭什么让别人喜欢？最常见的人设和个人成长、情感、家庭有关，努力、孝心、专情和爱心（以公益活动的展现为主）成为最能得到共鸣的四大人设。其二，人设的选择要和个人气质、身份履历相匹配，人设一旦选定，不要轻易更换。其三，相比于完美无缺的人，人们更偏爱精明而带有小缺点的人，此种现象在心理学上被解释为仰巴脚效应。

（2）**账号取名**。账号取名有三个标准：第一，好念，假如账号昵称包含“犇”“燚”“喆”这些难念或难打的字，就会造成传播障碍；第二，好懂，让用户对账号的领域一目了然，例如@丁香医生、@罗翔说刑法、@杨毅侃球；第三，好玩，一听名字，路人就会感兴趣，例如@备胎说车、@饭醉团伙。

（3）**标题拟定**。话剧《恋爱的犀牛》中有句台词：“如果你爱一个人十分，却只能表达出一分，还不如你爱一个人一分而表达出十分。”同理，如果你的内容有八分水准，而标题只有五分，即使内容再优秀，数据也会被标题“拖后腿”。

（4）**开头设计**。“起因→发展→高潮→结局”是影视作品的经典结构，但处于碎片化时间下的用户没有太多耐心，你的作品必须要在开头3秒内就抓人眼球，给用户建立预期，把高潮部分（剧烈、兴奋、纠葛的最高峰、对立的最高峰、让人获得最大愉悦感的瞬间）或悬念部分（期待值、好奇值达到最高峰）前置，否则很容易就被用户随手划过。

（四）公式的结果

1. 为什么公式中是乘号而不是加号呢

公式的结果有三种情况。

（1）**结果为负**。如果账号内容违背主流价值观、违反平台规定，带来的是负面的注意力和影响力，则会造成封号的严重后果。

（2）**结果为零**。如果不存在冲突（冲突=0）、没有有效解决冲突（解决冲突=0）、没有抓住用户的注意力（注意力=0），则账号的影响力为零。

（3）**结果为正**。其影响力大小取决于“N冲突”“解决冲突^n”“注意力^n”这三个变量。你为越多用户解决了冲突，解决方案越有效，赢得的注意力越大，则你的账号影响力就越大。

只有做好了这三点，你的账号才有机会成为爆款！

2. 为什么公式是n次方呢

因为账号需要不断解决用户冲突，并且需要持续赢得目标受众、关键人、相关机构、内容平台的注意力。

三、案例解析

短视频账号：papi酱

papi酱，生于1987年，上海人。

2005年，papi酱瞒着家人参加中央戏剧学院（后简称“中戏”）的考试，成功考入导演系。据papi酱回忆，收到录取通知书时：“爸爸笑了，妈妈哭了，我乐了。”

入学后，papi酱就读于导演系的导表混合班，被要求导、演都要精通。

2009年，大学毕业后，papi酱尝试过跑剧组、做导演、写剧本，最终papi酱失去了信心：“当时跟你一块试戏的，人家比你小，人家20岁，你已经24岁，然后你还矮，人家1米72的高个儿，就是条儿顺、盘儿亮的那种，你长得也没有人家好看。去了一下子就觉得，哦，我没有自信。”

待业那几年，是一段“没有任何目标的日子”。papi酱说：“为了省钱，天天自己做饭，做得可难吃了，老胡都不吃。老胡硬着头皮一边吃一边说‘还……还不错。’”

那时，papi酱在日记本上写着：“这几天和老胡天天看电影和美剧，挺开心的，可就是穷啊。”

2015年年初，papi酱与大学同学霍泥芳组成搞笑二人组在微博上发短视频，可是效果并不理想。在发布17条微博之后，因为霍泥芳出国，合作“终结”。

2015年8月，papi酱开始独自尝试创意短视频。2015年11月，转折出现，发布的“上海话+英语”第一弹，当晚视频的浏览量冲到了170 万，papi酱紧张得饭都吃不下。转眼间，papi酱成了“第一网红”。

2016年3月19日，papi酱获得了真格基金、罗辑思维、光源资本和星图资本等联合投资的1 200万元人民币融资。

2016年4月21日，papi酱广告拍卖会：2 200万元成交，并宣布成立短视频MCN机构papitube，在接下来的三年间孵化了@Bigger研究所、@itsRae、@爆胎儿、@不点外卖先森、@滇西小哥、@王蓝莓等数百个粉丝数上百万的红人。

2016年4月25日，papi酱在B站和公众号上发布了招聘视频，招募剪辑师、段子手、演员，至此从单打独斗成为团队运营。

papi酱的短视频运营之道，我用一个公式让你秒懂：

N冲突×模仿讽刺^n×神还原^n=papi酱的爆款套路

变量1：N冲突

papi酱的受众群体集中在“80后”“90后”“00后”，女性居多，面临的冲突有两种。

1. 冲突=渴望+障碍

papi酱洞察到：“现代生活这么累，大家多么需要快乐。”

2. 冲突=矛盾斗争

面临来自校园、职场、家庭的压力和伤害：上网被“键盘侠”伤害、工作被甲方虐待、过年被亲戚折磨。

变量2：模仿讽刺^n

papi酱通过制作模仿讽刺类短视频大胆犀利地吐槽，让我们觉得出了一口气，所以总觉得大快人心，这满足了现代都市人敢怒不敢言的渴望。

冲突	解决冲突
上网被“键盘侠”伤害	“传说有一个‘键盘侠’，后来他炸了”
工作被甲方虐待	“张总教你做电影”“张总教你写剧本”“张总教你做综艺”

续表

冲突	解决冲突
过年被亲戚折磨	“马上就要过春节了，你准备好了吗？”

变量3：神还原^n

“键盘侠”、甲方、女艺人，都被中戏毕业的papi酱模仿得惟妙惟肖。神还原的底层逻辑是接近效应，通过“相似情境”来唤起目标观众记忆中的情境基模。

总结：

N冲突×模仿讽刺^n×神还原^n=papi酱的爆款套路

↓　　　↓　　　↓

需求　　解决方案　　注意力

papi酱打造爆款账号的秘诀，第一是找到广大网友面临的冲突，冲突产生需求；第二是通过模仿讽刺不断满足用户需求；第三是通过神还原持续赢得目标受众、关键人、相关机构、内容平台的注意力！

短视频账号：朱一旦的枯燥生活

淄博市青年创业园C座802，是山东乾盛广告有限公司的注册地址。朱亘是该公司总经理，名下有11家公司。

2018年，朱亘成立光曜联晟传媒，定位是一家MCN机构。

2018年1月，公司推出网剧《C座802》，不温不火。中途，由于主演离职，导演张策不得不亲自出镜。

2019年6月，张策随朱亘去杭州出差，由于打不到车，朱亘提议骑共享单车。看着朱亘在雨中骑着共享单车，张策脑补的画面是：普通人想象中的有钱人的世界 VS. 有钱人的角度看世界的反差。回到公司后，张策写成剧本，《朱一旦的枯燥生活》诞生了！有钱人有哪些快乐是穷人无法体会到的？贫穷的人比富有的人更善良吗？跟有钱人做朋友是一种什么体验？以上问题，观众都能在作品中找到答案。

之后，张策努力说服朱亘出演男一号，并为其配音。两集完成后，朱亘在微博发布，不经意间，火了！

为什么新作品能火并且每集都保持高水准，我用一个公式让你秒懂：

N冲突×黑色喜剧^n×阶层摩擦^n=朱一旦的爆款套路

变量1：N冲突

作品《朱一旦的枯燥生活》的观众85%为男性，导演张策找到了网友面临的冲突：

冲突=渴望+障碍

在作品中，朱一旦圈子的四个阶层就是社会阶层固化的写照。第一层老板：朱一旦、刑酒肉、暴发户、王布斯；第二层亲戚：侄子、外甥；第三层裙带关系：马小策、马小浩、马小楠；第四层底层员工：三癞子、单传。一个公司是社会的缩影，由于阶层固化，造成部分年轻人自暴自弃。

变量2：黑色喜剧^n

针对受众的冲突，张策提供的解决方案是黑色喜剧。黑色喜剧是把痛苦与欢笑、荒谬的事实与平静得不相称的反应、残忍与柔情并列在一起的喜剧。往往观众当时会笑，但过后会难过。

黑色喜剧是一种负能量吗？网飞公司对美剧观众做过调查，结果显示：相对于在那些轻娱乐节目前的走神，按照自己的节奏主动沉浸于一个不同的世界，更能让我们忘掉这一天的压力，及时清零。

变量3：阶层摩擦^n

阶层摩擦的底层逻辑是戏剧冲突。阶层摩擦包含两种。

（1）同阶层的摩擦。比如，刑酒肉与朱一旦两个老板之间的博弈，代表贵族的朱一旦对暴发户的鄙视。

（2）跨阶层的摩擦。比如，老板任性辞退员工体现了上对下的操控，小人物看到代表权势的劳力士后的卑躬屈膝体现了下对上的卑微。

总结：

N冲突×黑色喜剧^n×阶层摩擦^n=朱一旦的爆款套路

↓　　　　↓　　　　↓

需求　　解决方案　　注意力

朱一旦团队打造爆款账号的秘诀，第一是找到广大网友的冲突，冲突产生需求；第二是通过黑色喜剧不断满足用户需求；第三是通过阶层摩擦不断赢得目标受众、关键人、相关机构、内容平台的注意力！

短视频账号：李子柒

李子柒，生于1990年，四川绵阳人。

童年，李子柒父母离异后，不幸父亲早逝，与继母生活的她饱受虐待。据她回忆："那时候穷，没吃过什么好东西。"李子柒当时特喜欢下雨天，因为不用干活。

看在眼里、疼在心里的爷爷奶奶将李子柒接回家中。

好景不长，2004年爷爷离世。迫于生计，年仅14岁的李子柒选择辍学到城里做夜场DJ，据悉"经历了很多不好的事情"。

2012年，因奶奶重病，李子柒辞去DJ工作，回到大山。

2015年，李子柒看弟弟玩美拍，便开始拍短视频。然而视频在好长时间都不温不火。就在她要放弃的时候，2016年4月，李子柒的视频《桃花酒》被推上了美拍的首页热门，点赞数半天过万。

尝到甜头后，李子柒根据中华民族传统文化中的时令节气、传统节日、民风民俗确定选题，"古香古食"成为李子柒视频的特色。

2017年8月，李子柒签约MCN机构微念科技。公开资料显示，微念科技早期曾获得华映资本、辰海资本、芒果文创基金、新浪微博等的投资，公司的最近一轮融资是2019年8月，获得琮碧秋实、弘帆天盛的投资。

截至2018年年底，李子柒全网粉丝量超5 500万，视频曝光量超百亿！李子柒还获得了众多海外朋友的喜爱，在YouTube和Facebook

上获得的订阅关注量超700万。有人调侃，李子柒一个人的YouTube频道，抵半个CNN，比100个孔子学院都管用！

“李子柒”账号的运营之道，我用一个公式让你秒懂：

N冲突×田园梦^n×中华传统美女^n=李子柒的爆款套路

变量1：N冲突

为什么李子柒的古风美食短视频能赢得市场？这是因为李子柒找到了都市人面临的以下冲突：

冲突=渴望+障碍

现代都市人，想逃离都市压力，追求诗与远方，却因现实问题脱不了身。

变量2：田园梦^n

针对都市人面临的冲突，李子柒给出的解决方案是，给都市人勾勒了一个“田园梦”。在“田园梦”中，没有城市的繁华喧嚣，只有田园的山水宁静，没有职场的勾心斗角，只有家庭的和睦共处。不少粉丝评价：“看李子柒做菜，是我一天中感到最安静的时候。”

变量3：中华传统美女^n

“中华传统美女”的底层逻辑是榜样效应。

李子柒凭借“中华传统美女”的人设赢得了目标受众、关键人、相关机构、内容平台的注意力。

在外部形象上，李子柒古风打扮，仙气十足。在内部素质上，李子柒勤劳孝顺，才德兼备。

除了做美食，李子柒还有多种才艺：酿酒、造纸、做胭脂、做秋千、刺绣、修桥、做梯子、做面包窖、编扇子、编花篮、编背篓、抓蛇，有网友留言："她什么都会，就是不会嫁给你！"

这样的李子柒，继承中华传统优秀文化，并发扬中华传统优秀精神，难怪能粉丝千万、中外闻名！

总结：

*N*冲突×田园梦"×中华传统美女"=李子柒的爆款套路

↓　　↓　　↓

需求　解决方案　注意力

李子柒打造爆款账号的秘诀，第一是找到广大都市人的冲突，冲突产生需求；第二是通过田园梦不断满足用户需求；第三是通过"中华传统美女"的人设，持续赢得目标受众、关键人、相关机构、内容平台的注意力！

短视频账号：美食作家王刚

王刚，生于1989年，四川省自贡市富顺县人。

2006年，17岁的王刚碰上招工淡季，只好在草坪打地铺，王刚心想："我快18岁了，为什么我出去找工作，别人还是不要我呢？"

终于，王刚想通了：“还是技术不够。你会切菜，但人家还要你会炒。我其实什么都不会，很一般。”

此后6年间，王刚在50多家餐厅打过工，几乎把广东省走遍，学到了川、湘、粤菜的做法。每到一处，他都会首先和厨师搞好关系，不少老师傅都会传授技术给他。

2017年3月，王刚做了一道“盘龙茄子”，以图文形式上传到“今日头条”App，竟获得了惊人的阅读量！王刚回忆说：“那天我一整晚没睡着，太兴奋、太开心了，每一条评论我都去回复了一遍。”

接着，王刚又拍了几道菜放上网，但却没了第一次的热度。于是，他以视频形式展示做菜过程，瞬间又成了爆款。

接下来两个多月，视频的平均播放量都在40万次以上。

2017年6月，王刚亲自出镜，“美食作家王刚”的ID正式推出。第一期“拔丝土豆”，便获得了100万次的播放量。2018年8月，王刚斩获金秒奖的“观众选择奖”。截至2019年2月，今日头条粉丝数超过673万！

王刚爆款短视频运营之道，我用一个公式让你秒懂：

*N*冲突×分享干货^n×硬核风格^n=美食作家王刚的爆款套路

变量1：*N*冲突

冲突=渴望+障碍

普通人想在网上学做菜，面临以下两大障碍。

（1）**专业厨师不愿教**。“教会徒弟，饿死师傅”，这是许多厨师不愿意把真功夫教给学员的主要原因。

（2）**美食博主不会教**。网上大多数美食博主，要么根本不会做菜，要么剪辑缺乏逻辑，误导观众。

变量2：分享干货^n

以前王刚通过请师傅喝啤酒、帮洗衣服，甚至洗臭袜子，才换来的做菜秘诀，如今王刚做成视频，在网上免费给学员看。

变量3：硬核风格^n

“硬核风格”的底层逻辑是认知冲突。

网友看腻了“小清新”的美食视频，这时候，王刚“硬核风格”的视频教程一经推出，立马吸引了大批网友的注意力。

	大多数美食节目	王刚的视频
餐具	高档餐具	不锈钢盆
主讲人	美女	厨师长
现场屠宰	否	是
灶台	电磁炉	猛火灶
油的用量	较少	很多
视频节奏	慢	快

总结：

N冲突×分享干货^n×硬核风格^n=美食作家王刚的爆款套路

↓　　　↓　　　↓

需求　　解决方案　　注意力

美食作家王刚打造爆款账号的秘诀，第一是找到川菜初学者面临的冲突，冲突产生需求；第二是通过分享干货不断满足用户需求；第三是通过硬核风格，持续赢得目标受众、关键人、相关机构、内容平台的注意力！

短视频账号：罗翔说刑法

中国政法大学有位法学教授，他的课场场爆满。给学生签名，别的老师签的是“逢考必过”，他签的是“愿你们成为法治之光”。网友以为他身高只有1米7，其实他身高1米9。他就是罗翔。

2017年年底，一家全国司法考试平台缺老师，老总找到罗翔，问：“你在学校讲课，每年影响多少人？”罗翔答：“每年选课的人好几百人。”老总说：“我们平台是针对要参加职业司法考试的，有几十万学生。这些学生将来要成为法官、检察官、律师，换言之，你真的想发挥你的影响力，这个平台可能比法大要影响更多的学生。”最终罗翔同意在该机构授课。

2018年2月，有用户在B站上传了罗翔讲课的视频，但头两年播放量并不稳定。直至2020年1—3月，凭借“粪坑案”“看小黄书会被处罚吗”等案例，罗翔的视频播放量猛增。此外，罗翔将案例中罪犯们的名字，统称为张三。张三一人背锅，被网友纷纷笑称为

"法外狂徒张三"。B站平台用户二次创作的传统，使罗翔长期霸榜"鬼畜区"，吸引了许许多多法考圈外的"路人粉"。

罗翔的爆款之道，我用一个公式让你秒懂：

$$N\text{冲突}\times\text{教书育人}^n\times\text{劲爆案例}^n=\text{罗翔的爆款套路}$$

变量1：N冲突

冲突=渴望+障碍

"法考"通过究竟有多难？近10年通过率仅10%～20%。

"法考"竞争有多激烈？近十年来，总共有619万人报名，考生面临过关障碍。

变量2：教书育人^n

罗翔做到了教书育人。

（1）**教书**。罗翔的课旨在"通过法考"，强调了"低分飘过也是精彩"。

（2）**育人**。罗翔还会传递法学理念与人生思考。他常常会花整整一期视频的时间，来讨论"人为什么要讲诚信"的话题，先后对比论述道德主义、功利主义、相对主义和柏拉图的调和论；还会引用古希腊哲学家爱比克泰德的名言"我们登上并非我们所选择的舞台"，借此鼓励学生，不管拿到多么烂的人生剧本，都应该努力把它演好，在痛苦中找到人生精彩。

变量3：劲爆案例^{n}

“劲爆案例”的底层逻辑是认知冲突。罗翔有意地通过劲爆案例（匪夷所思的作案动机，不忍直视的作案手法）制造认知冲突，调动学生的注意力。

总结：

N冲突×教书育人^{n}×劲爆案例^{n}=罗翔的爆款套路

↓　　　↓　　　↓

需求　　解决方案　　注意力

罗翔爆红的秘诀，第一是找到考生面临的冲突，冲突产生需求；第二是通过教书育人不断满足考生需求；第三是通过劲爆案例，持续赢得目标受众、关键人、相关机构、内容平台的注意力！

直播账号：薇娅

薇娅，生于1986年，安徽人。

2003年，薇娅在北京开了女装店。这期间短暂地签约过唱片公司，当过歌手。

2008年，薇娅搬去西安，最红火时拥有7家服装连锁店。

2012年，有个女孩到店试衣服不买，在店员眼皮子底下上淘宝搜同款下单，这给了薇娅莫大的触动。薇娅决定关掉西安全部线下实体店，转战广州，成立天猫女装店。

转型电商第一年亏得一塌糊涂，当时招的第一个运营，把钱投到淘宝直通车，烧了十几万元，衣服只卖了一千件。2014年“双十一”，薇娅赔掉200多万元，不得已卖了广州的一套房子。多年后，薇娅的老公董海锋回顾：“我们经历过的事、踩过的坑，最后都为主播这个职业做了充分铺垫。”

2016年5月初，淘宝直播上线，薇娅受邀成为第一批主播。淘宝直播是阿里巴巴推出的直播平台，用户可边看边买，涵盖的范畴包括母婴、美妆等。

起初，薇娅甚至要求大家来直播，招商更是难上加难。不久薇娅等来风口，销量越来越好。根据淘榜单联合淘宝直播发布的《2019年淘宝直播生态发展趋势报告》显示，淘宝直播在2017—2018年实现跨越式发展，2018年直播平台带货近千亿元，目前带货同比增速接近400%。

薇娅典型的一天是怎样的？14点起床→去公司的路上化妆→17点到公司上班→20点直播→凌晨1点下直播，和团队复盘、熟悉第二天的产品→直到早上8点下班→10点多到家。

2017 年 4 月，薇娅和董海峰成立谦寻直播机构，签约一批淘宝主播，复制薇娅的成功模式。

如今，薇娅连续三年成为淘宝第一主播！淘宝主播6 000多名，为何薇娅稳居第一？我用一个公式让你秒懂：

*N*冲突×淘宝直播带货"×业绩第一"=薇娅的销售冠军套路

变量1：N冲突

1. 冲突=不相容

一件商品，既要满足价格足够低又要满足质量足够好，往往不可能。

2. 冲突=渴望+障碍

薇娅的粉丝有60%是年龄在25～30岁的人，其中已婚已育的女性居多，在选购生活用品时，她们不轻易相信陌生人的推荐。

变量2：淘宝直播带货^n

针对用户的冲突，薇娅提供的解决方案是淘宝直播带货。

首先，薇娅兼具了母亲、销售员、老板娘、淘女郎等多重身份，本身长得漂亮、口才好、性格直爽，依靠真实人设赢得用户信任。其次，薇娅组建供应链体系，保证产品品类丰富、质量保障、全网最低。

变量3：业绩第一^n

“业绩第一”的底层逻辑是马太效应。薇娅历年业绩第一，淘宝给到的资源自然最多（流量扶持、公益代言、宣传片代言、联袂明星），凭实力在所有主播中获得了最多的注意力。

总结：

N冲突×淘宝直播带货^n×业绩第一^n=薇娅的销售冠军套路

↓　　　　↓　　　　↓

需求　　解决方案　　注意力

薇娅成为淘宝第一主播的秘诀，第一是找到数量巨大的女性面临的冲突，冲突产生需求；第二是提供高性价比的产品，不断满足用户需求；第三是业绩过硬的实力，获得淘宝平台扶持，赢得了最多的注意力！

直播账号：李佳琦

李佳琦，生于1992，湖南人。

李佳琦爱看综艺和广告，在还不懂事的时候，就喜欢在电视机前认真看广告。“OMG”“我的妈呀”都是湖南人爱用的口头禅。

2011年，李佳琦进入南昌大学主修舞蹈专业。

大三时，李佳琦在欧莱雅专柜做兼职导购。每个柜员都要背商品卖点，李佳琦却自创话术：“这个东西超好用，相信我。”李佳琦还把口红涂在自己嘴唇上，告诉顾客：“你看我是一个男生，我涂都很好看，你还有什么理由不买呢？”

2015年毕业后，李佳琦转正。之后凭借突出的影响力，被提拔为彩妆师。

2016年年底，在网红机构美ONE与欧莱雅集团的BA（Beauty Adviser，美容顾问）网红化项目中，李佳琦从200多名BA中脱颖而出。李佳琦最初直播2小时，观看人数不到200人，还受到嘲讽，李佳琦曾想过放弃。

2017年年初，淘宝有意扶持男性主播，给了李佳琦3天的流量推荐位，第一天观看人数从2 000人涨至20 000人；第二天则暴涨至50 000。李佳琦重拾信心。至此美ONE公司300多人，都主要围绕李佳琦这个IP转。

李佳琦典型的一天是怎样的？13点起床→洗漱好来公司，开始选品会→对接活动、采访→拍平面广告→六七点钟，准备当晚的直播→20点直播开始→凌晨1点下直播，开始复盘→吃饭→早晨4点睡觉。

淘宝主播6 000多名，李佳琦靠什么成为第二名？我用一个公式让你秒懂：

N冲突×淘宝直播带货^n×淘宝口红一哥^n=李佳琦的销售亚军套路

变量1：N冲突

李佳琦的粉丝中，79%是女生，21%是男生，以“90后”“95后”为主，她们面临的冲突有以下两种。

1. 冲突=渴望+障碍

对于琳琅满目的美妆品牌、口红色号的挑选，她们面临选择障碍。

2. 冲突=不相容

化妆品，既要满足价格足够低又要满足质量足够好，往往不可能。

变量2：淘宝直播带货^n

为了解决用户的冲突，李佳琦的解决方案是在淘宝直播带货。

李佳琦拥有6年美妆导购经验，“颜值”高、懂女生心，更重要的是价格便宜、品牌保障、超多赠品。

变量3：淘宝口红一哥^n

“淘宝口红一哥”的底层逻辑是认知冲突。由于淘宝扶持男性主播，再加上李佳琦在直播中涂口红的新奇做法，李佳琦靠差异化赢得了注意力。

那么问题来了，第二的李佳琦要赶超第一的薇娅，他的新对策是什么呢？我用一个公式来科普：

N冲突×全网美妆导购^n×全网口红一哥^n=李佳琦的争冠套路

为了成为第一，李佳琦在全网各个平台做美妆导购，他在抖音、小红书、微博的表现都极为突出，并通过多种方式（打破吉尼斯纪录、PK马云、联袂明星）打造“全网口红一哥”的形象。

总结：

N冲突×全网美妆导购^n×全网口红一哥^n=李佳琦的争冠套路

↓　　　　↓　　　　↓

需求　　解决方案　　注意力

李佳琦成为头部主播的秘诀，第一是找到广大女生因美妆购物产生的冲突，冲突产生需求；第二是选好高价值产品，不断满足用户需求；第三是通过“全网口红一哥”的人设，在全网持续赢得目标受众、关键人、相关机构、内容平台的注意力！

短视频账号：“美男子顾北”和“美少女小惠”

顾北，生于1994年，湖南常德人。

顾北大学就读于湖南文理学院，大一加入校广播电台，原因是

“我没什么朋友，在电台才会感觉快乐”。大二，顾北休学一年做酒吧服务员。

2016年，顾北入职“火卵星”做演员和主持。“火卵星”是以常德方言为载体的户外采访搞笑娱乐节目。“自己不开心，那就给别人生产快乐吧”是顾北加入的原因。

2018年7月，公司发现公众号业绩下滑之后，开始做抖音，把内容拆解成几个独立的抖音号，设定不同人设继续做本地生活。起初顾北的抖音名字是“常德美男子顾北”，没过多久去掉了常德两个字，将文艺和搞笑混搭在一起。

小惠，生于1997年，湖南长沙人。

小惠大学就读于湖南工学院，专业是工程造价。

毕业后，小惠入职星城微创，最初作品反响平平。2018年11月，用“美少女小惠”账号更新，照搬“美男子顾北”的创意，没想到热度比原创还高！面对网友质疑，星城微创老板唐宇良索性把顾北挖了过来，于是粉丝们见证了顾北和小惠在作品中“第一次”相逢，此后又多次同框。

顾北和小惠的套路相同，我用一个公式让你秒懂：

N冲突×搞笑喜剧^n×自恋人设^n=顾北和小惠的爆款套路

变量1：*N*冲突

冲突=渴望+障碍

现代都市人压力大，想寻求轻松减压的娱乐方式。

变量2：搞笑喜剧^n

顾北和小惠通过搞笑喜剧不断解决用户的冲突，让用户一直快乐一直爽。

变量3：自恋人设^n

“自恋人设”的底层逻辑是认知冲突。“我这该死的无处安放的魅力”“能用我的魅力买单吗？”“一大早就被自己帅醒”——自恋人设是顾北持续赢得用户、平台和资本注意力的技巧。

小惠除了自恋人设，还增加了“单身”标签、湖南塑料普通话、“搓脚”的动作。

总结：

N冲突×搞笑喜剧^n×自恋人设^n=顾北和小惠的爆款套路

↓　　　　↓　　　　↓

需求　　解决方案　　注意力

美男子顾北和美少女小惠打造爆款账号的秘诀，第一是找到用户的冲突，冲突产生需求；第二是通过搞笑喜剧不断解决用户冲突；第三是靠自恋人设，持续赢得目标受众、关键人、相关机构、内容平台的注意力！

公众号账号：杨毅侃球

杨毅，生于1977年，北京人。

杨毅小时候住胡同，迷上说评书。

1997年，从上海体育学院体育新闻系毕业后，杨毅进入《北京青年报》，成为一名篮球记者。当时，为了掌握更多一手资料，运动员想喝酒，杨毅不得不陪人喝。杨毅回忆："打球的都是2米多的大汉，人家喝多少，你也得喝多少，难受也得自己扛着！"

2001年夏天，杨毅在去美国采访的路上，偶遇中央电视台著名体育播音员孙正平。孙正平发现杨毅口才不错，于是，杨毅从2002年开始在央视解说，并成为国内篮球迷家喻户晓的"名嘴"。不少观众评价杨毅的解说"跟说相声似的"，杨毅的心得是："如果在解说的时候，完全是专业讲解，不少观众就会觉得索然无味。在解说的同时，如果能添加一些有趣的内容和笑料，把幽默融入专业之中，可能就会更受欢迎。"

2002年10—11月，杨毅成为唯一一位全程跟踪采访姚明加入NBA第一个月的中国文字记者。姚明打NBA的那些年，正是NBA在中国突飞猛进发展的年代，而杨毅的知名度也在报道姚明的过程中获得提升。

2015年，由于纸媒的衰落，杨毅创办"杨毅侃球"公众号，至今公众号粉丝数量已超过200万，公众号文章篇篇阅读量10万+，现已成为体育行业里阅读量和影响力最大的原创自媒体。

“杨毅侃球”公众号的爆款之道，我用一个公式让你秒懂：

$$N\text{冲突}\times\text{内容众包}^n\times\text{杨毅IP}^n=\text{杨毅侃球的爆款套路}$$

变量1：*N*冲突

冲突=渴望+障碍

球迷通过电视能了解的篮球资讯是有限的，球星故事、技战术分析等信息不能通过传统媒体获得。

变量2：内容众包^n

内容众包指把由公众号主理人承担的文字工作，转交给外部的合作伙伴来完成。

“杨毅侃球”公众号的文章，30%由杨毅亲自执笔，20%由侃球TEAM负责编辑，50%是转载的篮球圈同行的文章，如下图所示。篮球圈同行如下表所示。

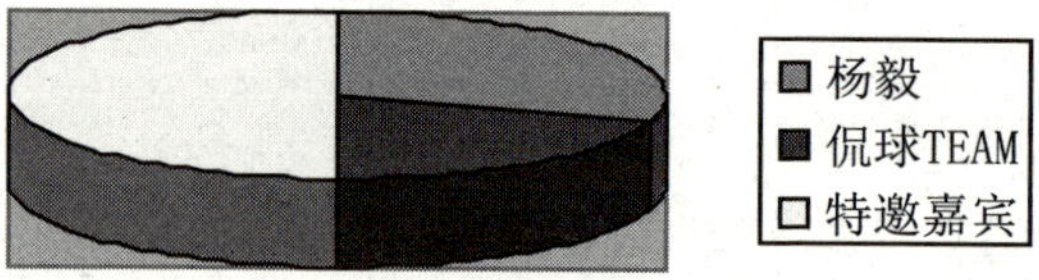

姓名	职业
王猛	篮球媒体人，评论员，记者
张卫平	中国篮球名宿
徐济成	篮球评论员
段旭	《体坛周报》资深编辑，篮球评论员
段冉	腾讯NBA驻美国记者
鲍仁君	腾讯NBA驻美国记者

续表

姓名	职业
殳海	《体坛周报》资深编辑
朱彦硕	篮球评论员
张佳玮	作家，篮球评论员，知乎大V
潘志立	“篮外空心”公众号主理人
陈月泽	腾讯体育记者
锅炉上的猫	“猫三的大排档”公众号主理人
朱毅鹏	前《灌篮》杂志主编

变量3：杨毅IP^n

“杨毅IP”的底层逻辑是名人效应。杨毅做篮球报道二十余年，在中央电视台解说过上千场比赛，在读者和观众心中建立了知名度，因此靠个人IP影响力持续赢得关注。

总结：

N冲突×内容众包^n×杨毅IP^n=杨毅侃球的爆款套路

↓　　↓　　↓

需求　解决方案　注意力

杨毅打造爆款账号的秘诀，第一是找到球迷的冲突，冲突产生需求；第二是通过内容众包，不断满足用户的需求；第三是靠杨毅自身的知名度，持续赢得目标受众、关键人、相关机构、内容平台的注意力！

公众号账号：姜茶茶

姜茶茶，生于1992年，江苏扬州人。

在南京大学读历史系期间，姜茶茶偏偏对广告行业心存执念。人人网上记录着她的心路历程：“我一直坚信，这个世界上有一些事情，只有我才能做。这种事情，我才会想把它当职业。每个人在寻找工作时的需求都是不一样的。有的人想要稳定，可能去当了公务员。有的人想要高收入，可能去炒股票、搞金融。我最想要的是独一无二的创造性，所以我去做了广告创意。只有你知道了自己最想要什么，才不会去计较那些失去的。”

2013年7月，姜茶茶前往北京奥美实习。姜茶茶的从业体会是：“对于创意人来说，做这个行业，最大的快乐，不就是来源于创意被实现的感觉吗？像神来之手，凭一己之力，创造出众人的谈资的感觉，实在太好了。”

广告公司加班多、强度大，姜茶茶却挤出时间，开了“姜茶茶”公众号。那段时间，姜茶茶平均每天早上6点起床，写一个小时，然后迅速刷牙洗脸，8点前赶到公司。中午点外卖，为的是节省半个小时的时间。她通常会找个安静的地方，偷偷写点东西。

2015年3月，“姜茶茶”公众号的第二篇文章“对广告狗的详细分类，文案狗美术狗AE狗公关狗……你属于哪种狗？”，便获得了10万+阅读量。如今，“姜茶茶”公众号文章的阅读量10万+已是家常便饭。

“姜茶茶”公众号的运营之道，我用一个公式让你秒懂：

N冲突×漫画吐槽^n×广告狗^n=姜茶茶的爆款之道

变量1：*N*冲突

冲突=矛盾斗争

广告公司里的设计师、媒介人员、新媒体人员、广告AE（Account Executive，客户主管），经常受甲方的气（被骗稿、创意被毙掉），想抱怨却无人理解。

变量2：漫画吐槽^n

姜茶茶吐槽式速写了大量广告人日常，如下表所示，对紧绷的广告人是不错的减压剂。姜茶茶认为："我画这些，是因为我看不惯这个行业中那些不合理的地方。我知道，凭一己之力，无力改变现状。所以只能通过漫画来表达。希望这个行业能够越来越好。没有广告人再'受虐'。"

目标受众	通过吐槽类漫画解决冲突
媒介人员	我只是个小媒介，甲方和KOL为什么要这么对我……
新媒体人员	如果做新媒体是一种病，那我已快不治而亡……
AE	上班不受气，那是假AE！

变量3：广告狗^n

"广告狗"的底层逻辑是哀兵效应。姜茶茶创造的"广告狗"形象，卑微到极致，生动地诠释了广告"社畜"的生活状态和心声，赢得了广告人的注意力，如下图所示。

要杀就杀我，别杀idea！

要砍就砍我，别砍预算！

总结：

*N*冲突×漫画吐槽″×广告狗″=姜茶茶的爆款之道

↓ ↓ ↓

需求 解决方案 注意力

姜茶茶打造爆款账号的秘诀，第一是找到广大广告从业者面临的冲突，冲突产生需求；第二是通过漫画吐槽，不断满足用户的需求；第三是靠广告狗形象，持续不断赢得目标受众、关键人、相关机构、内容平台的注意力！

短视频账号：丁香医生

丁香医生是提供医学科普知识的内容平台，提供专业医生写的科普文章、正确的就医用药参考等。

丁香医生很早就开始布局新媒体：2012年8月，丁香医生官方微博开通，如今粉丝超过189万；2014年9月，丁香医生微信公众号开通，如今粉丝数超过600万；2016年10月，丁香医生知乎机构号开通，如今知乎用户数全网第二。

2018年4月，丁香医生短视频团队组建，成员仅三人：田吉顺、叔贵，以及一个承担拍摄和后期的小伙伴。丁香医生的抖音选题，最初尝试过外科医生缝合葡萄皮、缝猪蹄等很多专业性极强的短视频内容，但选题内容不符合年轻用户的需求。组建之初，三人都有自己的本职工作，每天挤出时间来制作1～2个视频。一个月过去了，视频只得到了个位数的点赞。

经过反思，选题内容调整为医学科普，包括年轻人最为关注的脱发、减肥、美白、酵素问题，都可以从丁香医生找到答案。调整后仅过10天，丁香医生在抖音获得了10万粉丝。半年后，丁香医生在抖音平台交出了492万粉丝的成绩单。2018年4月，丁香园宣布完成D轮融资，融资规模在1亿美元以上。

丁香医生的爆款之道，我用一个公式让你秒懂：

$$N冲突\times健康科普^{n}\times质疑谣言^{n}=丁香医生的爆款套路$$

变量1：N冲突

$$冲突=渴望+障碍$$

丁香医生数据研究院发布的《健康敏感人群行为与态度》显示，“健康”这一选项在公众心目中的重要性高达9.6分，但大部分人却有心无力，伴随而来的就是人们对健康、养生越发焦虑。

变量2：健康科普^{n}

学生和刚参加工作的人是丁香医生的科普对象，丁香医生采用制作健康科普视频和文章来改变用户的认知。

1. 丁香医生如何对用户建立信任

麦肯锡公式让你秒懂：

$$信任公式=可靠性\times资质能力\times亲近程度/自我定位$$

（1）**可靠性**。为了保证内容的可靠性，丁香医生的内容团队由两部分组成：一部分是懂传播的文字编辑；另一部分是一线医生、营养师和有专业医学背景的科普类作者。

（2）**资质能力**。丁香医生隶属于丁香园集团，至今已经有18年的历史。丁香园到目前为止，已覆盖全中国71%的医生。

（3）**亲近程度**。在丁香医生的抖音号上，一边讲着科普一边说着

“土味情话”的田太医，极具亲和力。

（4）**自我定位**。在抖音上，田太医一反高冷医生形象，类比生动、面带笑容，拉近了与用户的距离。

2. 为什么谣言容易误导人

传播学者克罗斯的一个公式让你秒懂：

谣言公式=（事件的）重要性×（事件的）模糊性÷公众批判能力

谣言的能量有多大，既取决于真实信息的透明度，又取决于受众的判断水平。

变量3：质疑谣言

1. 丁香医生如何赢得年轻人的注意

丁香医生采用“挑战谣言”的方式，不断引起年轻用户的注意。“挑战谣言”的底层逻辑是认知冲突，如下表所示。

谣言	选题
吃完饭躺下有害健康	吃完饭躺下有害健康？
床头放手机对人体有辐射危害	床头放手机对人体有辐射危害？
酒量可以练大	酒量可以练大？

2. 丁香医生如何赢得老年人的注意

年轻人看了丁香医生的视频，有很大概率会转发给他们的长辈，形成二次传播。

总结：

N冲突×健康科普^n×质疑谣言^n=丁香医生的爆款套路

↓ ↓ ↓

需求 解决方案 注意力

丁香医生打造爆款账号的秘诀，第一是找到广大年轻网友面临的冲突，冲突产生需求；第二是通过健康科普，不断满足用户需求；第三是通过质疑谣言，持续赢得目标受众、关键人、相关机构、内容平台的注意力！

短视频账号：四平警事

2011年，董政考入四平公安分局。5年后，他被调往市公安局政治宣传处，成为一名网络宣传辅警。董政的新任务是“创新警务宣传工作”。

有领导给董政建议，说警察从来不缺少好故事，缺的是好的表现手法。

如何创新？董政想到了拍摄短视频的办法，并于2018年6月开通了“四平警事”抖音号。

董政回忆道：“最开始从策划到拍摄、后期什么的，就都是我一个人在负责。当我怀着满腔热情做出视频，觉得一定能受欢迎的时候，却发现，看的人并不多。当时真的有那种期望越大、失望越大的感觉。”

最后董政决心改变风格，以搞笑视频的形式传达公安局打击醉酒驾车、扫黑除恶、预防电信诈骗等主题。董政回想当时压力不小：“刚开始尝试时，遭遇过一些质疑，认为搞笑短视频‘不严肃’，‘不能拿警察开玩笑’，观念上有一些不认同。领导对我的想法是担忧的，因为之前全国的警法宣传都没有这么做的。”

演员吴尔渥也说：“用饰演犯罪分子的方式普法，虽然形式新颖，但不知道社会上会不会有批评的声音，刚发布作品时心里可忐忑了。”

终于，截至2019年年初，“四平警事”抖音号粉丝数增至950多万，两次跃居政务抖音官方账号排行榜前三名。国内30多家媒体推介“四平警事”，主创人员被团中央推荐参加国内巡回宣讲。

那么问题来了，制作普法视频，好似“戴着镣铐跳舞”，四平公安抖音团队是如何取得“叫好又叫座”的效果的呢？

“四平警事”的爆款之道，我用一个公式让你秒懂：

N冲突×普法喜剧^n×奇葩案例^n=“四平警事”的爆款之道

变量1：N冲突

普法的受众和电视剧《乡村爱情故事》一样，是以欠发达地区及城市低文化群体为主要目标的。他们面临的冲突是：

冲突=渴望+障碍

现代人压力大，想寻求轻松减压的娱乐方式。

变量2：普法喜剧^n

“四平警事”主创团队最初拍的视频太严肃了，用户不喜欢。董政想到，不如用喜剧小品的方式来普法，让大家在欢笑声中学到一些东西比生硬地灌输要强一些。

变量3：奇葩案例^n

毒贩用冰糖冒充毒品相互举报、小混混在公安局门口约架直接被抓、两个黄牛为了争抢卖票给便衣民警而“火并”……这些奇葩案例绝大多数取材自四平的真实案例。“奇葩案例”的底层逻辑是认知冲突。

总结：

*N*冲突×普法喜剧^n×奇葩案例^n=“四平警事”的爆款之道

↓　　↓　　↓

需求　解决方案　注意力

四平公安打造爆款账号的秘诀，第一是找到广大网友面临的冲突，冲突产生需求；第二是通过普法喜剧，不断满足用户需求；第三是通过奇葩案例，持续赢得目标受众、关键人、相关机构、内容平台的注意力！

短视频账号：王蓝莓

王娇，生于1990年，辽宁沈阳人。

王娇的父亲从小爱画画，但因为爷爷反对放弃。王娇自小对画画感兴趣，父亲认为：“成绩好没有那么重要，但周末的绘画班一定要找个专业的。”

王娇大学时就读于鲁迅美术学院油画系。毕业后，做纯艺术的同学纷纷转行，王娇不得不到博物馆帮工，王娇感慨：“会画画的人太多了，画得好的人也太多了。北京有好几个画家村，人人都有成为艺术家的梦想。”

2017年8月，王娇在自己手上画了个小女孩，发现可以用手指做小人的腿和胳膊。于是，她就把这样的手指画拍成视频传上了网。起初，王娇采用“蹭”IP的办法，即借势米老鼠、胖虎、包租婆这些知名IP，虽获得一些点赞量，但难以形成粉丝黏性。

在入驻抖音近一年时间，王娇攒了30多万粉丝，却难以解决“掉粉”的问题，团队一度面临散伙。

2018年4月，王娇的第15个视频“一个东北孩子的命运”直接带来40万粉丝，“王蓝莓”角色首次登场。截至2019年2月，抖音号“王蓝莓”粉丝数超过510万！

在成名后，王娇签约了papitube。对于是否签约一个up主，papi酱最为看重的几点在于：个人魅力、独立思考能力和原创能力、持续产出的能力、垂直品类中的专业性、正能量。

“王蓝莓”的爆款之道，我用一个公式让你秒懂：

*N*冲突×情景喜剧"×怀旧场景"=“王蓝莓”的爆款套路

变量1：N冲突

冲突=渴望+障碍

“工作压力太大”“精神世界空虚”是“80后”“90后”的写照。

变量2：情景喜剧^n

针对用户冲突，王娇用情景喜剧作为解决方案。

情景喜剧是一种再现虚拟真实升华中幽默一面的轻喜剧，它通常围绕家庭生活展开。

（1）**背景设定**。创作者在构思作品的时候，需要先设想出一个大的时代背景为故事本身服务。“王蓝莓”以20世纪80年代为故事背景，在物资匮乏的大环境下，更加衬托出一个吃货对食物的渴求。

（2）**人物塑造**。情景喜剧大都表现观众容易产生共鸣的普通人物，以贴近大众生活。“王蓝莓”这个角色，是王娇以自己为原型的。王娇从小跟妈妈生活在一起，妈妈也是王娇的班主任。王娇说：“蓝莓是一个可爱、单纯、有点男孩子气的女孩，让观众可以从她身上看到自己的影子。”

变量3：怀旧场景^n

红双喜的搪瓷脸盆、“国民床单”、磁带、收音机这些老物件在“王蓝莓”的视频中一一呈现。“怀旧场景”的底层逻辑是怀旧效应。

总结：

*N*冲突×情景喜剧"×怀旧场景"=“王蓝莓”的爆款套路

↓ ↓ ↓

需求 解决方案 注意力

王娇打造爆款账号的秘诀，第一是找到广大网友面临的冲突，冲突产生需求；第二是通过情景喜剧，不断满足用户需求；第三是通过怀旧场景，持续赢得目标受众、关键人、相关机构、内容平台的注意力！

短视频账号：一禅小和尚

2016年，国产动画《一禅小和尚》诞生。

故事中的主角一禅幼时被父母抛弃，被老和尚捡来后，在庙里当和尚。作品通过一禅与师父的日常生活对话引出人生道理，用小和尚的视角看世界，通过小和尚的童言童语引发观众思考，用老和尚的话语阐述人生。“一禅小和尚”的主创团队大禹动漫表示，他们对一禅的定位是温暖、治愈，希望通过这部动漫传递一种美好的可能。

2018年，有员工提议可以剪辑成短视频放到抖音上，结果一炮走红。之后，“一禅小和尚”在社交平台拥有超过8 000万粉丝，接连斩获了“中国动漫金龙奖”等多个奖项，被《人民日报》、《环球时报》、新华网多次转发，更被外国网友自发翻译成英语、西班牙语、越南语、韩语等十多种语言，实现了原创动漫的文化输出。

“一禅小和尚”的爆款之道，我用一个公式让你秒懂：

*N*冲突×佛系鸡汤"×和尚问情"=“一禅小和尚”的爆款套路

变量1：N冲突

作为一部摆脱低龄化的国漫，“一禅小和尚”的女性粉丝占66%，粉丝面临的冲突是：

冲突=渴望+障碍

想获得真爱、想挽回爱情，却面临现实障碍。

变量2：佛系鸡汤^n

针对用户冲突，作品给出的解决方案是“佛系鸡汤”，陪伴用户走过生命中那些艰难的时刻。“佛系鸡汤”从师父口中说出，不说教、不油腻，让人感叹，现如今清心寡欲的师父也是个有故事的人。

变量3：和尚问情^n

“和尚问情”的底层逻辑是认知冲突。两个和尚不念经却天天念叨感情，引起粉丝的注意。

总结：

N冲突×佛系鸡汤^n×和尚问情^n=“一禅小和尚”的爆款套路

↓　　↓　　↓

需求　解决方案　注意力

“一禅小和尚”创作团队打造爆款账号的秘诀，第一是找到网友面临的冲突，冲突产生需求；第二是通过佛系鸡汤，不断满足用户需求；第三是通过和尚问情，持续赢得目标受众、关键人、相关机构、内容平台的注意力！

公众号账号：同道大叔

蔡跃栋，生于1988年，广东潮汕人。

在清华美院的四年，蔡跃栋先后四次创业，开过高考资讯站，开过美术辅导班，还做过几款App，“同道”便是其中一款App的名字。

2013年6月，蔡跃栋开通“同道大叔”微博，初期他试了多种办法，但粉丝增长缓慢。

转折点出现在2014年6月，他在北京一个咖啡厅听到女孩子们在吐槽天秤座的前男友，便发出微博：“都来吐槽下你身边的天秤座吧。”很快获得2 000多条吐槽，蔡跃栋以此画成漫画发布，转发数破万。之后蔡跃栋如法炮制，一年内粉丝数从10万爆炸性增长到500多万。

2015年，蔡跃栋创立深圳市同道大叔文化传播有限公司，获3千万A轮投资。此时，蔡跃栋已经不参与创作，而是有了团队：“开始是我自己画，后来就不画了，太辛苦，太花时间了。创意要想半天，画起来还要六到八个小时。”

2016年12月8日，蔡跃栋以2.175亿元将“同道大叔”卖给美盛文化，他从这笔收入中获利1.78亿元，让出CEO的位置，个人持股比例由72.08%降至12.5%。

资本进入后，“同道大叔”对标韩国卡通形象品牌liNe frieNds，其提供的产品和服务发展为“内容—出版物—衍生品—咖啡馆—大电影—星座嘉年华”，实现了维度的多元化和线上线下的一体化。

那么问题来了，“同道大叔”的爆款套路是什么？

套路1：前任的缺点让人耿耿于怀，现任的缺点让人欲言又止

基于此洞察，定位于“少女之友”的“同道大叔”，给十二星座分别贴上不同的负面标签（例如金牛座爱钱、天蝎座腹黑），粉丝看到后一旦大致贴切，就分享在朋友圈告诉闺蜜们：他就是这样的人！

我用一个公式表示：

N冲突×吐槽人^n×吐槽星座^n=“同道大叔”的爆款套路

套路2：在新圈子，想要快速让人了解自己、获得认可

基于此洞察，“同道大叔”给十二星座分别贴上不同的正面标签（例如双子座有担当、狮子座善良），粉丝看到后一旦大致符合，就会把标签贴自己头上，恨不得昭告天下：说的就是我！

我用一个公式表示：

N冲突×标榜人^n×标榜星座^n=“同道大叔”的爆款套路

为什么很多人觉得星座很准？

其一是巴纳姆效应，当人们用一些普通、含糊不清、广泛的形容词来描述一个人的时候，人们往往很容易就接受这些描述，并认为描述中所说的就是自己。

其二是谄媚效应，大部分人更愿意相信让他们自己看起来更正面和更积极的事情。

总结：

*N*冲突×吐槽人"×吐槽星座"=“同道大叔”的爆款套路

↓　　↓　　↓

需求　解决方案　注意力

*N*冲突×标榜人"×标榜星座"=“同道大叔”的爆款套路

↓　　↓　　↓

需求　解决方案　注意力

“同道大叔”打造爆款账号的秘诀，第一是找到数量巨大的女生面临的冲突，冲突产生需求；第二是通过吐槽或标榜人，不断满足用户需求；第三是通过吐槽或标榜星座，持续赢得目标受众、关键人、相关机构、内容平台的注意力！

短视频账号：华农兄弟

刘苏良和胡跃清，江西赣州全南县人，原是初中同学。

2006年初中毕业后，他们分别到东莞和深圳打工。

2013年底，刘苏良辞职返乡。开始养殖竹鼠。第一年，买了30只种苗，一天晚上他忘了关窗，18只竹鼠死去。竹鼠没有成熟到可以不断繁殖的阶段，刘苏良不敢卖，因此前两年没有收入，村里人劝他放弃。第3年时，他的竹鼠已有1 000多只，然而销路单一。

2015年，由于工厂效益不好，胡跃清主动申请被裁。回老家后，2017年3月，胡跃清注册“华农兄弟”账号，开始拍“三农”视频。但家里人觉得他“不务正业”。

2017年10月，在满月酒上，刘苏良与胡跃清重逢，并决定一起干。

合作最初，他们拍了几期关于竹鼠养殖的视频，但播放量很低。

2018年1月，因竹鼠打架受伤，只得吃掉，顺便录了视频。没想到播放量超过30万次。于是如法炮制：每一次吃竹鼠之前，都会找新的理由。

真正的转折点在2018年8月29日，有网友将华农兄弟的视频编辑成“吃竹鼠的一百种理由”发布，于是华农兄弟火了。

2020年2月24日，因为疫情原因，国家出台了“禁野令”，全面严格禁止食用野生动物。无奈之下，华农兄弟放弃了继续饲养竹鼠。

问题1：为什么华农兄弟的视频最开始没人看

我以一个公式来解答：

N冲突×竹鼠养殖经验^{n}=华农兄弟的爆款套路

起初，华农兄弟致力于解决用户竹鼠养殖的信息冲突，但问题是对养殖感兴趣的人非常少。

问题2：为什么华农兄弟的视频后来为会火

我以一个公式来解答：

N冲突×吃竹鼠^{n}×为吃竹鼠找理由^{n}=华农兄弟的爆款套路

在调整后，华农兄弟致力于解决都市人压力过大及打工人思乡的冲突，提供的解决方案是吃竹鼠；并通过“为吃竹鼠找理由”的方式持续地吸引注意力。“为吃竹鼠找理由”的底层逻辑是认知冲突。

问题3：为什么华农兄弟的视频越来越火

我以一个公式来解答：

*N*冲突×吃在农村″×为吃找理由″=华农兄弟的爆款套路

在解决方案上，以吃竹鼠为主，吃各种农村食物为辅，题材更广，受众更宽，并通过“为吃找理由”的方式持续地吸引注意力。

知乎账号：天眼查

小红在网上找工作，左挑右选，在众多公司中最终选了一家薪水最高的入职。万万没想到，入职还没满3个月，公司就倒闭了。

小艳相亲时，偶遇一位据说名下有5家公司的“高富帅”。哪知道半个月后，“高富帅”在盗刷小艳信用卡10万元后逃之夭夭。

李老板有一家合作多年的供应商，但最近打给对方货款后，对方却再也不回消息。李老板不得不远赴异地，才发现早已人去楼空。

职场、情场、商场，在信息不对称的情况下如何避坑？如今，一款叫“天眼查”的网络工具可以解决问题。作为一款商业安全工具，天眼查的主要功能是“查公司”“查老板”“查关系”，能帮助用户快速了解一家公司的工商信息、经营信息，甚至是潜在的风险状况。

2015年7月，天眼查获得腾业创投2 500万元人民币的天使轮融资。2019年7月，天眼查完成Pre-B轮融资，由钟鼎资本、弘道资本、未然资本投资。

2017年6月28日，天眼查开始运营知乎机构号。截至2020年4月1日，天眼查知乎粉丝数超过24万，获得750 140次赞同。

天眼查知乎机构号的运营之道，我用一个公式让你秒懂：

N冲突×关系图谱^n×蹭热点^n=天眼查的爆款套路

变量1：N冲突

冲突=渴望+障碍

用户想了解新闻当事人和资本的关系、明星与资本的关系，但是存在障碍。

变量2：关系图谱^n

知乎上获得高赞的回答大多数是几千上万字的“干货”文章，但是如果用纯文字一板一眼地分析事件背后的资本关系，未必能让众多用户轻松理解。天眼查知乎运营团队以“关系图谱”的形式，让用户秒懂热门事件背后隐藏的商业利益关系。

变量3：蹭热点^n

“蹭热点”的底层逻辑是热点效应。

运营初期，天眼查选择回答的问题集中在产品功能方面，获得的赞同数寥寥无几，如下表所示。

提问	回答时间	赞同人数
“如何查询公司法人和董事？”	2017-07-04	3
“通过哪些渠道能够深入查询企业信息？”	2017-07-05	8
“如何查询公司是否真实存在，是不是空壳？”	2017-07-04	4
“国内有哪些公司、团队在图数据库、图挖掘方面做得比较好？”	2017-10-17	12
“2017 年的双十一和往年有哪些不同？”	2017-11-13	7
“在互联网公司工作是种怎样的体验？”	2017-10-24	10

经过试错和改进，天眼查选择在知乎回答热点话题，赞同数暴增，如下表所示。相比于“查公司”“查老板”“查关系”，“查八卦”“查对象”“查新闻”才是天眼查在知乎赢得注意力的靠谱方式。

提问	回答时间	赞同人数
“‘百亿保健帝国’权健是一家怎样的公司？其产品和销售体系是否合法合规？可能带来哪些影响？”	2018-12-27	3 745
“如何看待隆回县（贫困县）校方在对‘学生把免费牛奶倒排水沟’做出‘天冷喝不完’的回应？”	2018-12-21	2 000
“如何看待流出的矩阵同创聊天截图，私自把员工自己购买的办公椅拿去给老板？”	2019-07-03	4 997
“如何看待湖南怀化新晃教师2003年举报操场偷工减料后失踪，十六年后发现遗体在操场下方?”	2019-06-21	1 900
“如何看待河南省永城市一玛莎拉蒂车主酒驾逃逸，途中又撞击一辆宝马造成 2 死 4 伤这一事故?”	2019-07-05	11 919
“如何看待乔碧萝殿下在露脸事件之后仍旧继续直播，并承认整个事件为营销策划?”	2019-07-31	5 801

总结：

*N*冲突×关系图谱"×蹭热点"=天眼查的爆款套路

↓ ↓ ↓

需求 解决方案 注意力

天眼查打造爆款账号的秘诀，第一是找到广大用户面临的冲突，冲突产生需求；第二是关系图谱的形式不断满足用户需求；第三是通过蹭热点，持续赢得目标受众、关键人、相关机构、内容平台的注意力！

第二章
零基础，入门社群运营

一、拉新、促活、变现，社群运营到底如何做

张三建了50个微信群，总人数超过2万人，一开始群里聊天聊得嗨，一周后就很少有人说话，逐渐变成了“死群”。张三不知道如何运营，索性1 000元转让。

李四建了一个400人的微信群卖茶叶，每天坚持发20条商品链接，却发现成交少得可怜，还不断有人退群。

王五是一名教写作课的老师，把1 200多名学员拉在一个QQ群，让他们定期分享自己的文章。可是每周只有2～3位学员分享作品，新进群

的学员还会抱怨群很冷清。

赵六是一名汽车销售顾问，加了意向客户微信后，便放在群里统一维护。没料到有人因汽车“刹车失灵”在群里闹维权，吓得赵六赶紧解散了微信群。

二、社群运营的底层逻辑，一个公式彻底讲透

为什么有人做社群，可以轻松上手、快速变现，而大部分人，要么拉新连500人的任务都完不成，要么群建好后很快成为死群？万事开窍难，其实并不是大部分人不勤奋，也不是天赋不够，而是他们没看透底层逻辑。

下棋，走一步看一步是庸者，走一步算三步是常者，走一步定十步是智者。妄想把一群人拉在一起，自己什么不用管就能产生“化学反应”，这样的运营人属于庸者。知道社群具有产品属性，需要不断满足用户需求，这样的运营人属于常者。明白要做出好的互联网产品，三个条件缺一不可：刚需、痛点、高频。也就是说，产品必须是用户的刚需产品，必须解决用户的痛点，而且使用场景要在用户的生活中经常发生，这样的运营人属于智者。

我用一个公式让你秒懂：

$$\text{冲突}^{n}\times N\text{成员}\times\text{解决冲突}^{n}=\text{社群运营公式}$$

注：N指社群成员的数量，n指次数。

（一）变量1：冲突^n

冲突^{n}指用户在现实中不断面临冲突。冲突是一个多义词，有3层含义。

1. 冲突=渴望+障碍

“渴望+障碍”指用户想做一件事，但是在现实中靠一个人的力量办不到。例如，渴望获得资源，自己身边却没有人脉；渴望脱单，在现实中交际圈狭窄。用户在现实中遇到的阻碍越大，则对社群产品的需求越大。

2. 冲突=目标+惰性

“目标+惰性”指用户想做一件事（如戒烟、背单词、跑步），但是却因自身惰性阻碍了目标达成。

3. 冲突=矛盾+憋屈

“矛盾+憋屈”指用户在发生了争吵或受到欺负后，如果不能找人倾诉或者宣泄，就容易憋出内伤。

（二）变量2：N成员

社群把人与人、人与内容、人与场景连接起来。

1. 连接的条件

（1）**相同**。相同指成员们彼此有相似点。例如，在班级群中，成员们连接在一起的条件是同校同班。

（2）**相邻**。相邻指位置靠近。例如，在楼盘业主群中，成员们都是邻居；在蛋糕店会员群中，成员都是在附近上班或居住的顾客。

（3）**相当**。相当指双方实力不相上下。例如，在英语四级培训群里，学员的水平相当；在广告创意总监群里，大家的资源和阅历相当。

（4）**相反**。相反指事物的两个方面相互排斥或对立。例如，在相亲群中，男女的性别相反；在辩论群中，正方与反方的观点相反。

2. 连接的基础

（1）**信任**。信任是涉及交易或交换关系的基础。社群成员之间很可能之前互不相识，其信任来源于对群主或品牌的信赖。

（2）**价值**。美国社会学家G.C.霍曼斯和P.M.布劳在《社会交换理论》中指出："任何人际关系，其本质就是交换关系。"在社群中，人与人之间相互需要，相互利用。在建群前，创建者应该多想一想可以为用户提供什么价值（产品或服务）？

3. 连接的平台

应用移动互联网工具，可以让用户随时随地同场。

（1）**微信群**。微信群是腾讯公司推出的多人聊天交流的一个平台，微信群人数上限是500人，可以通过网络快速发送语音短信、视频、图片和文字。

（2）**QQ群**。QQ群是腾讯公司推出的多人聊天交流的一个平台，QQ群人数上限是2 000人，用户可以使用群BBS、相册、共享文件、群视频等方式进行交流。

（3）**知识星球**。知识星球原名小密圈，是深圳大成天下公司推出的一款知识社群工具，人数无上限。解决的核心问题是社群收费管理难问题和内容不能沉淀问题，适合于前期拥有大量私域流量的大V。

（4）**豆瓣小组**。豆瓣小组是北京豆网科技有限公司推出的网络社区，小组的人数范围是根据小组的实际情况（如活跃程度、管理方式），由系统自动设定的。豆瓣共有60多万个小组，例如“吵架没发挥好小组”“抠门女性联合会小组”“旅游失败小组”“炸厨房小组”。

4. 连接的结果

人与人连接成群体后，如果不加以管理或限制，会造成以下结果。

（1）**惰化效应**。所谓惰化效应，指个人与群体其他成员一起完成某种事情时，个人所付出的努力比单独时偏少，不如单干时出力多，个人的活动积极性与效率下降的现象。俗语“一个和尚挑水吃，两个和尚抬水吃，三个和尚没水吃”，正是这种社会心理现象的具体形象化。

（2）**超限效应**。超限效应指刺激过多、过强或作用时间过久，从而引起心理极不耐烦或逆反的心理现象。如果社群里总是出现与主题无关的闲聊，或者刷屏式地推销商品，都会引起成员反感。

（3）**破窗效应**。破窗效应指环境中的不良现象如果被放任存在，会诱使人们仿效，甚至变本加厉。以一幢有少许破窗的建筑为例，如果那些窗不被修理好，则可能会有破坏者破坏更多的窗户。如果有人在群里发广告，而管理员听之任之，就会出现更多人效仿，最终会被沦为垃圾群。

（4）**口碑效应**。口碑效应指由于消费者在消费过程中获得的满足感、荣誉感而形成对外逐步递增的口头宣传效应。但同时，如果商品出现质量问题，对口碑的破坏也是极大的。因此，在社群运营时，更应该极其谨慎，珍惜自己的私域流量，保障产品质量和用户服务。

（三）变量3：解决冲突^n

在形成连接后，需要通过一系列管理和运营，让用户的冲突持续得到解决。

1. 提供一项服务内容

（1）**一对多服务**。一对多服务指信息发布者向所有成员提供信息，最大的优势是效率高。

（2）**标准化服务**。标准化服务指建立了服务标准的服务项目，提供的服务必须按照标准规定的内容和程序实行，包括服务时间、服务工作量、服务用语、服务形式、服务管理、服务监督等相关内容。

连锁品牌有了标准化服务，可以规模化复制100家店、1 000家店、10 000家店……社群有了标准化服务，可以规模化复制10个群、100个群、1 000个群……

2. 设计一种互助模式

互助模式指运营者负责制定互助规则，所有参与者相互帮助，以达到不断形成共鸣、不断推进目标、不断得到资源的目的。

3. 运用一些心理技巧

（1）**场域效应**。场域效应指人的每一个行动均被发生行动的场域所影响，而场域并非单指物理环境，也包括他人的行为及与此相连的许多因素。

（2）**从众效应**。从众效应指当个体受到群体的影响（引导或施加压力）时，会怀疑并改变自己的观点、判断和行为，朝着与群体大多数人一致的方向变化。

（3）**仪式效应**。仪式效应指参与者通过仪式（婚礼、典礼）执行过程，统一共有的目标，形成群体认同感。

（4）**角色效应**。在现实生活中，人们以不同的社会角色参加活动，这种因角色不同而引起的心理或行为变化被称为角色效应。

（5）**霍桑效应**。霍桑效应指当人们知道自己成为被观察对象时，会改变行为的倾向。

（6）**榜单效应**。榜单效应通过对比用户的贡献值来拉开用户之间的距离，以达到其参与感与虚荣心形成攀比，刺激用户之间相互激活的目的。

（7）**稀缺效应**。在消费心理学中，人们把“物以稀为贵”而引起的购买行为提高的变化现象，称为“稀缺效应”。

在销售商品时，人们常使用“一次性大甩卖”“清仓大特价”来引诱顾客，使顾客提高购买行为。

（8）**损失厌恶效应**。损失厌恶效应指人们在面对同样数量的收益和损失时，认为损失更加令他们难以忍受。同量损失带来的负效用为同量收益带来的正效用的2.5倍。

4. 制定一套行为规范

2017年10月8日起，国家互联网信息办公室印发的《互联网群组信息服务管理规定》（简称《规定》）开始施行。《规定》明确表示，规范群组网络行为和信息发布，群组成员在参与群组信息交流时，应当遵守相关法律法规，各路谣言不要传、违法有害信息不可发、非法经营不可为。《规定》还明确表示，互联网群组建立者、管理者应当履行群组管理责任，群里有违法违规信息时，谁建群谁负责。

5. 搭建一套组织架构

组织架构指组织的全体成员为了实现目标，在管理工作中进行分工协作，在职务范围、责任、权利方面所形成的结构体系。

就像人体有基本骨架一样，任何组织都在相当程度上需要有某种架构形式来对组织任务加以分化和整合。而没有组织架构或组织架构不合理的社群更像是一盘散沙。

6. 建立一套激励机制

激励是一种内生动力，通过规则、制度、文化实现对组织成员的方向引导、动机激发与行为强化，持续调动人的主动性、积极性和创造性。

激励包含正激励和负激励。正、负激励都是必要而有效的，不仅作用于当事人，而且会间接地影响周围其他人。

所谓正激励，就是对成员符合组织目标的期望行为进行奖励。例如，手游玩家玩“皇室战争”，成员之间互相捐赠立马获得金币奖励（金币积累到一定数量可以升级卡牌）。每个部落中间还有玩家排行榜，持续的激励——让别人不断知道自己现在在哪、距离目标有多远、下一个目标是什么，有利于让用户成瘾性地投入。

所谓负激励，就是对社群违背组织目标的非期望行为进行惩罚。例如，“不跑就出局”社群，于2014年11月21日在北京由一群年轻人发起。这是一种基于契约的跑步坚持方式：大家达成一个跑步契约，坚持下来的人可以获得来自没有坚持下来的人的奖励，通过奖励与损失的平衡机制激励想跑步但是又难以坚持的人。

规则要点：

进入“不跑就出局”微信公众号，选择或者创建一个适合自己的跑步班级，并押一笔钱作为契约金。

每天按照跑步班级约定的最低公里数进行跑步。

◎ 用咕咚、悦跑圈、运动手环、跑步机等跑步计数工具记录跑步数据并截屏。

◎ 当天00:00前发送截图至“不跑就出局”微信公众号完成打卡。

◎ 成功坚持跑步，返还所有契约金并平分出局者契约金作为奖金。

（四）公式的结果

公式的结果分为以下两种情况。

1. 结果为零

◎ 如果不洞察冲突而盲目建群（冲突″=0），即使招募的人数再多，也是乌合之众。

◎ 如果社群招不到人（N=0），则社群无价值。

◎ 如果社群没有提供有效的解决办法（解决冲突″=0），则会导致成员纷纷离去，社群无价值。

2. 结果为正数

用户面临的冲突越大、频次越高，服务的人数越多，解决冲突的频次越高，则社群的价值越大。

三、案例解析

姜茶茶广告行业交流群

2016年年初，姜茶茶发现广告圈需要构建人脉关系，于是开始建群。截至2021年5月，姜茶茶已有超过300个微信群，针对不同圈层，分为“广告行业交流群”“广告刊例互换群”“抖音营销交流群”“视频号实战群”“MCN交流群”“纯佣资源对接群”等数十类社群，社群成员总人数超过10万。

谈及运营心得，姜茶茶说：“这件事虽然很小，很多人瞧不上，会觉得拉个群有什么了不起的，这种重复性劳动才不屑去做呢。但是我想说，在这个时代，任何一件小事，做到极致，都会有很棒的结果。”

在姜茶茶超过300个微信群中，“姜茶茶广告行业微信群”“姜茶茶媒介资源交流微信群”“姜茶茶广告圈刊例互换微信群”其运营原理相同，都可以用同一个公式表示：

冲突^n×N广告同行×征集发布^n=姜茶茶广告交流群运营之道

变量1：冲突^n

1. 广告人面临什么冲突

冲突=渴望+障碍

广告公司想招优秀人才，广告专业毕业生也苦苦寻觅好雇主。

企业想寻找广告供应商却不知道去哪里找，供应商想向企业推荐自己的广告业务却没人引荐……

2. 需求是否满足“痛点、刚需、高频”

☑痛点：社群成员在现实中面临的阻碍较大。

☑刚需：社群成员的需求较强烈。

☑高频：社群成员需求频次较高。

变量2：*N*广告同行

1. 连接的条件

相同：广告同行。

2. 连接的平台

微信群。

3. 如何招募足量社群成员

社群运营首先要有大量启动用户，姜茶茶利用自己的私域流量，通过公众号文章推送号召广告人加入。

> 想多认识点小伙伴？想对接资源？那就来广告圈社群吧~
>
> 想帮你们找工作，我建了个广告圈招聘群~

粉丝在申请加群后，首先群管理员“小喇叭”会对粉丝的身份进行验证（名片或工牌），以确保成员是广告人。然后“小喇叭”会让粉丝在自己朋友圈发布以下广告（发布24小时以后才能删除），并至少在朋友圈获得5个点赞。

加了那么多公关社群，我觉得最优质的是这个，里面都是真实的人脉（比朋友圈那些骗人的社群好多了），大家可以加一下。

变量3：征集发布

1. 提供一项服务内容

（1）一对多服务。社群采用中心化机制，“小喇叭”一对多发布信息，如下图所示。

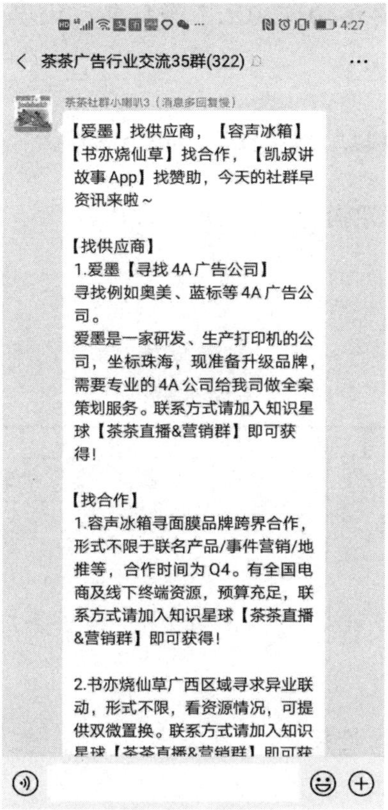

（2）**标准化服务**。服务内容如下表所示。

时间	用户状态	任务
10:00	工作中	“小喇叭”在群里发布需求（找赞助商、找供应商、跨界合作、招聘）
16:00～17:30	工作中	“小喇叭”在群里邀请大家填写需求（找赞助商、找供应商、跨界合作、招聘）

2. 制定一套行为规范

“群公告”明确了成员的行为规范。

（1）*严禁讨论政治话题，严禁骚扰群友和乱加好友，严禁私拉群。*

（2）发广告要配10～20元不等红包，优质资源请大家共同维护，谢谢。

（3）若违反群规或群友投诉，将会被踢。

3. 搭建一套组织架构

组织架构如下图所示。

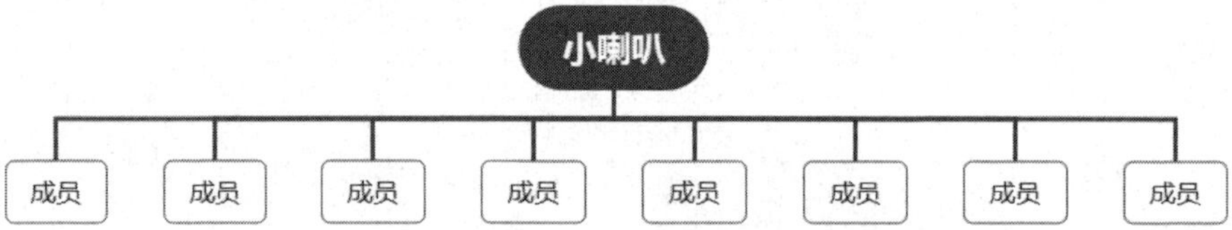

总结：

冲突^n×N广告同行×征集发布^n=姜茶茶广告交流群运营之道

↓ ↓ ↓

需求　　连接　　解决冲突

姜茶茶广告行业社群的运营秘诀，第一是洞察用户面临的冲突，冲突产生需求；第二是通过建立微信群连接广告同行！第三是通过征集发布，不断解决社群成员的冲突。

姜茶茶KOL吐槽群

KOL是Key Opinion Leader的缩写，是互联网上有话语权的人，也就是我们常说的大V。广告公司的媒介人员，工作包含负责广告资源的选择和采购，并负责与有关KOL接洽和联络。媒介人员被不靠谱的KOL坑感到痛苦，但在生活中很难找到有相同经历的同行吐槽。

@Kol都是爹

之前投放的大号，因为要追热点，本来约好的指定日期的头条，竟然推了热点内容；并且告诉我们，是为了客户好……崩溃了。

@9

作为一只甲方，某次合作的KOL失踪多日，发布当天终于露面，但是文章和图片的质量都让人一言难尽……于是我也只能坐在国外机场的候机口前，帮他重新写完文章再上飞机，下了飞机再把自己写小红书时拍的图片给他用……

@小小

一定要住香格里拉，一个几十万粉丝的博主参加活动，带了3个助理，下了飞机一定要我们来接，叫了个专车司机还不行……

在洞察到冲突后，姜茶茶建立了数十个“姜茶茶KOL吐槽群”，每个社群都可以用以下公式来表示：

冲突^n×N媒介同行×自由吐槽^n=姜茶茶KOL吐槽群的运营之道

变量1：冲突^n

1. 媒介人员面临什么冲突

（1）**冲突=矛盾+憋屈**。姜茶茶的心得是：“社群和公众号的本质都是一样的，都是挑起矛盾或缓解矛盾。矛盾就是话题，所有话题的本质都是矛盾，男女矛盾，甲方乙方矛盾。”

（2）**冲突=渴望+障碍**。媒介人员想要在现实中找到被KOL坑过的人比较难。

2. 需求是否满足“痛点、刚需、高频”

☑痛点：社群成员在现实中非常难受。

☑刚需：社群成员的需求较强烈。

☒高频：社群成员需求频次很低。

变量2：*N*媒介同行

1. 连接的条件

相同：这群人的共同特征，一是媒介，二是被KOL坑过的媒介。

2. 连接的平台

微信群。

3. 社群如何拉新

姜茶茶在公众号发布文章“在KOL面前，甲方乙方都是孙子！”，通过私域流量转化。

变量3：自由吐槽^n

1. 设计一种互助模式

在互助规则下，每个成员都可以发起吐槽或加入讨论，不断形成共鸣。

2. 制定一套行为规范

“KOL有多坑”的话题满足了所有成员的需求，一旦出现无关话题，广告管理员就会来制止。例如，某成员在群里发了一个广告，姜茶茶看见后，予以踢出并在群里发言：“群规写得很清楚了，只能吐槽KOL，什么乱七八糟的广告都会踢，再见。”

3. 搭建一套组织架构

组织架构如下图所示。

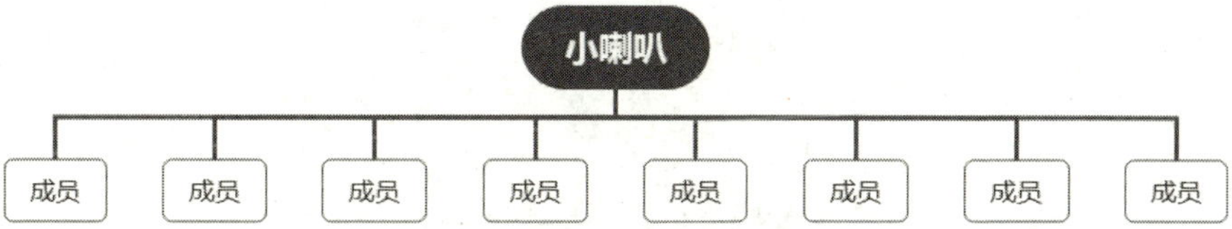

总结：

冲突″×*N*媒介同行×自由吐槽″=姜茶茶KOL吐槽群的运营之道

↓　　　　↓　　　　↓

需求　　　微信群　　　解决冲突

姜茶茶KOL吐槽群的爆款秘诀，第一是洞察用户面临的冲突，冲突产生需求；第二是通过建立微信群连接媒介同行！第三是通过自由吐槽，不断解决社群成员的冲突。

薄荷阅读英语学习群

张三在刚刚过去的33天里养成了一个新习惯：上班坐地铁时，点开“薄荷阅读MintReading”公众号，花十来分钟读一段英文故事，并做五个测试题，然后把链接分享在朋友圈，分享文案为“100天读完3本英文书，在“薄荷阅读”的第33天，已读了12 053字。”

看到张三的分享，张三的朋友们也纷纷报名加入，一传十，十传百，越来越多的人加入进来……

薄荷阅读是百词斩旗下的英文书阅读产品。薄荷阅读分期开班，用户在接下来的100天里每天在线读名著，并在微信群里获得老师的答疑和督导服务。

截至2021年4月3日，薄荷阅读已开始第101期学员招生。每个微信学习群的运营原理都相同，都可以用同一个公式表示：

冲突^n×N同期学员×分享讲义^n=薄荷阅读社群的运营之道

变量1：冲突^n

1. 英语学习者面临的冲突有哪些

冲突=目标+惰性

想读完一本英文书，但自己无法坚持。

尝试读一本英文书，材料不合适、读不懂……

2. 需求是否满足“痛点、刚需、高频”

☑痛点：社群成员在现实中一个人无法实现。

☑刚需：社群成员的需求较强烈。

☑高频：读完一本英文书需要100天，社群成员需求频次较高。

变量2：N同期学员

1. 连接的条件

相同：同一期学员。

相当：在实际培训中，我们容易忽略训前的摸底测试环节，忽略学员之间能力水平的差异。薄荷阅读将书单划分为4个大类课程（入门课程、经典课程、进阶课程和高阶课程）7个阅读等级，报名前先测试定级，个性化匹配最适合学员的书单，再把学员拉入对应的学习群。

2. 连接的平台

微信群。

3. 如何招募足量社群学员

薄荷阅读通过私域流量，在“薄荷阅读MintReading”公众号推送如下图所示的文案。

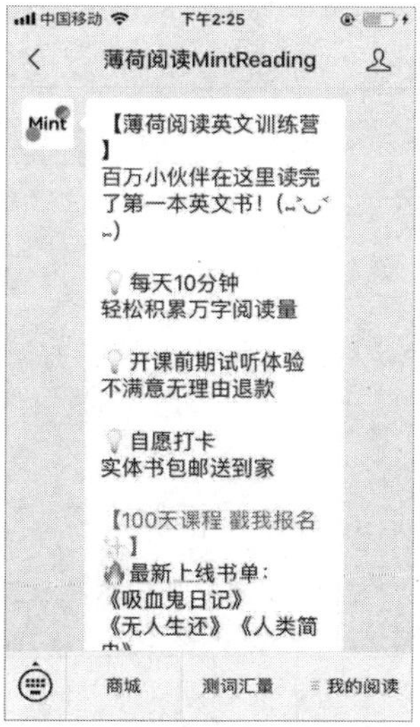

此外，薄荷阅读让老学员引荐新学员报名。

每成功推荐一位好友报名，即可得到20元百词斩商城代金券，总奖励金额为20元×成功推荐人数。

根据推荐人数排名，会有额外奖励。推荐活动结束时，排名前十的推荐人会额外得到最高2000元的附加奖励，如下图所示。

变量3：分享讲义^n

1. 提供一项服务内容

（1）**一对多服务**。薄荷阅读的社群学习是配合日常的原著阅读而设立的，社群采用中心化机制，通过老师在群里不断分享讲义，监督学员顺利完成英文名著阅读。

（2）**标准化服务**。服务内容如下表所示。

时间	用户状态	任务
12:00	空闲	女老师在群内发布前一天的答疑汇总

续表

时间	用户状态	任务
20:00～20:30	空闲	女老师在群内提醒学员阅读、分享讲义、讲解知识点

2. 制定一套行为规范

助教会在群里告知如下群规。

①禁止［发任何链接］

因为老师不能帮大家一一识别，担心链接会危害大家的信息和财产安全（盗取信息类的事情以前都发生过）。

②禁止发［任何形式的广告］

因为大家参加课程都是为学习而来的，广告、集赞、无关信息等请绕道。

③禁止发［语音和视频］

老师不便识别，怕干扰大家的学习。

④禁止［进行人身攻击］

希望大家礼貌待人，我们共同维护温暖又有料的学习氛围。

同学们一定要注意，不要轻易通过群里除老师外的人的好友申请哦～保护好自己的个人财产安全和信息安全。

第一次触犯群规，老师是会提醒的。如果多次触犯，我们会移出群哦。

3. 运用一些心理技巧

（1）**场域效应**。组建学习群后，就有了良好的学习气氛。

（2）**仪式效应**。薄荷阅读在每个关键的节点都有相应的仪式，入学时在群里举办开学典礼（红包雨），第80天送实体书，第100天在群里举办毕业典礼（发毕业视频，发毕业证书）。

（3）**霍桑效应**。微信群中的老师会留意学员的学习记录，对完不成每日阅读量的同学进行提醒和回访。高阶课程的带班老师名叫Smile，她会在学员很久没有完成学习任务后，发微信提醒其抓紧补课，并配上诙谐的暴漫图片，比如一个小人抓住另一个即将坠崖的小人，同时配文“学习吗？不学习我松手了”。

4. 搭建一套组织架构

组织架构如下图所示。

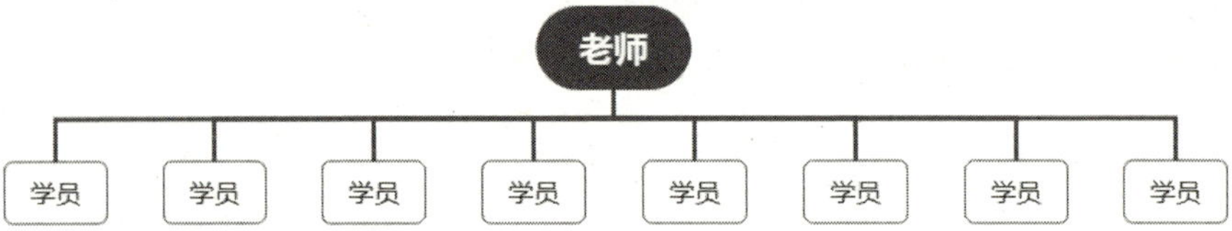

5. 建立一套激励机制

为激励学员，新学员课程第1～14天连续打卡，可以获得一张30元代金券；本期累积打卡80天及以上，可以在课程结束后免费领取该期实体书。

总结：

冲突″× *N*同期学员 ×分享讲义″=薄荷阅读社群的运营之道

↓　　↓　　↓

需求　　连接　　解决冲突

薄荷阅读社群的运营秘诀，第一是洞察用户面临的冲突，冲突产生需求；第二是通过建立微信群连接同期学员！第三是通过分享讲义这种中心化机制不断解决冲突。

皇室战争部落

《部落冲突：皇室战争》是一款快节奏的实时PvP卡牌对战手机游戏。自2016年3月发布以来，这款实时对战玩法的游戏就在全球爆红，总收入突破了20亿美元。玩家们在游戏里通过开箱子的形式获得卡牌，用8张不同的卡片建立卡组进入对战，在3分钟内摧毁对方的国王塔和两路箭塔，游戏结束时推塔较多的一方获胜。

市面上大多数游戏对于游戏厂商来说都有两大痛点：拉新的成本很高，以及用户的新鲜劲过了很容易弃坑。针对于此，皇室战争让玩家自主组建部落，同时解决这两大痛点。在部落里，通过捐卡、向部落索要卡牌的方式，让玩家间因为这种以价值为导向的社交驱动形成了社交关系。

皇室战争拥有无数部落，每个部落的运营原理都相同，都可以用同一个公式表示：

冲突^n× N游戏同好×自由交换^n=皇室战争部落的运营之道

变量1：N冲突

1. 玩家在游戏里面临什么冲突

冲突=渴望+障碍

在皇室战争游戏里，玩家无法一个人玩部落战，2V2也很难找到不坑的队友组队，无法获取金币、提升经验。

2. 需求是否满足“痛点、刚需、高频”

☑痛点：玩家在游戏中面临的障碍较大。

☑刚需：社群成员的需求强烈。

☑高频：无时无刻不面临资源紧张，玩家需求频次较高。

变量2：*N*游戏同好

1. 连接的条件

相同：兴趣。

相当：水平。

2. 连接的平台

皇室战争的部落。

3. 如何招募足量部落成员

皇室战争部落数量庞大，每个部落都不超过50个成员。50个成员这个设定，对于新部落拉人是比较容易的。

（1）**邀请微信好友**。游戏内部有个“好友”界面，如下图所示。用户可邀请玩过游戏的微信好友加入部落。

（2）**注册部落名称**。部落创建者可以自主命名一个有吸引力、容易被搜索的部落名称。

例如，不少玩家是美剧《权力的游戏》的影迷，部落名称就以“权力的游戏”相关关键词命名，如下图所示。

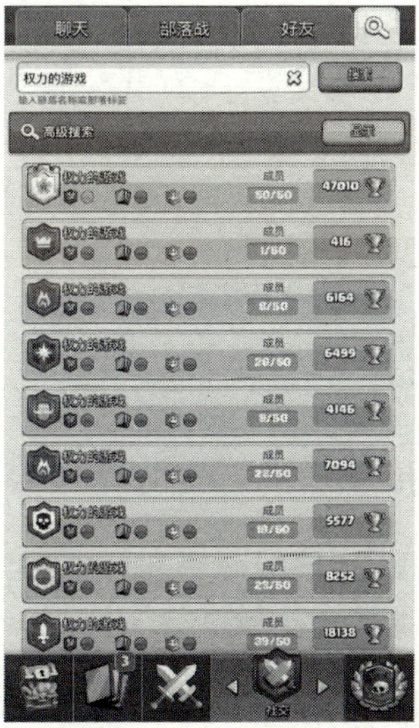

变量3：自由交换^n

1. 设计一种互助模式

在互助规则下，每个成员都可以给别人捐卡，不断得到金币奖励。

每个成员都可以求助资源，不断得到资源。

2. 搭建一套组织架构

组织架构如下表所示。

职位	权力
首领	拥有管理部落的全部权限
副首领	可以踢出成员，晋升、降职长老，邀请或接受玩家进入部落，能改变部落的设置
长老	可以踢出成员，邀请或接受玩家进入部落，但不能改变部落设置
成员	没有管理权限

部落首领会按照一个赛季的捐卡和部落战情况对部落成员进行晋升，晋升后能得到更大的荣耀和管理权限。

3. 运用一些心理技巧

（1）**榜单效应**。通过对比用户的贡献值来拉开用户之间的距离，以达到其参与感与虚荣心形成攀比、刺激用户之间相互激活的目的。

（2）**角色效应**。把竞争机制引入角色分担，对副首领、长老的角色组织开展竞争。通过付出艰辛的努力获得的角色，成员才会珍惜，才会更好地履行角色职能。

4. 建立一套激励机制

玩家一旦向部落其他玩家捐赠卡牌，系统立即给予金币和经验奖励；部落成员一起玩部落战结束后，系统会给予金币和宝箱奖励，部落的获胜率越高，获得的金币和宝箱越多。

例如皇室战争中的“拜仁慕尼黑”部落，如下图所示，规定长老、副首领的周捐要求，首领根据部落成员的完成情况每周调整晋升。如果部落成员长时间完不成任务，则首领会对其给予降职处理，甚至清理出群。

总结：

冲突"×N游戏同好×自由交换"=皇室战争部落的运营之道

↓　　　　↓　　　　↓

需求　　　连接　　　解决冲突

皇室战争部落的运营秘诀，第一是洞察用户面临的冲突，冲突产生需求；第二是通过部落连接玩家；第三是通过自由交换不断解决玩家的冲突。

瑞幸咖啡福利群

瑞幸咖啡是目前中国领先的连锁咖啡品牌，全国门店近5 000家，覆盖全国192个城市。2020年年初受财务造假风波和疫情影响，瑞幸咖啡线下门店的客流量有一定程度的下降。

2020年2月7日，瑞幸咖啡开始布局私域流量，顾客根据LBS（Location Based Services，基于位置的服务）定位进入就近门店的微信群，并定期在微信群中接收产品优惠信息。

2020年7月的数据显示，优惠券核销率超过40%，每个微信群日均订单量为4杯以上，每天用户通过近万个微信群购买瑞幸饮品超过3.5万杯，每月累计销量达到100万杯。

瑞幸咖啡在全国共建立了9 000多个微信群，总用户数超过180万，每个群的运营原理相似，都可以用同样的公式表示：

$$冲突^{n}\times N同店顾客\times 发福利^{n}=瑞幸咖啡福利群的运营之道$$

变量1：冲突^{n}

1. 顾客面临什么冲突

$$冲突=渴望+障碍$$

最新的促销活动，一旦不去瑞幸咖啡门店，很容易错过。

2. 需求是否满足“痛点、刚需、高频”

☑痛点：顾客在现实中面临的障碍较大。

☑刚需：顾客的需求强烈。

☑高频：顾客需求频次很高，少则2杯/周，多则3杯/天。

变量2：N同店顾客

1. 连接的条件

相同：瑞幸咖啡的顾客。

相邻：同一个店。

2. 连接的平台

微信群。

3. 社群如何招募足量顾客

（1）**私域流量导流**。瑞幸咖啡公众号推送文章“加Lucky进入社群，领4.8折券~”，引导用户加群，如下图所示。

（2）**线下门店导流**。实体店取餐区会展示“扫码加入福利社，立领4.8折券”的桌牌，用户扫码后，可进入社群。

变量3：发福利

1. 提供一项服务内容

（1）**一对多服务**。每个门店的微信群，都有一名叫Lucky的机器人负责维护。每天机器人都在群里发布产品海报和活动链接，一旦有新人进群，机器人就会自动欢迎，如下图所示。

（2）**标准化服务**。服务内容如下表所示。

时间	用户状态	任务
8:00～8:30	上班途中	在群里发布瑞幸早餐海报
10:30～11:00	工作中	在群里发布老带新奖励活动、充值赠礼活动
12:00	午餐时间	在群里发布秒杀活动，限量优惠券拼手气
13:00～14:00	下午茶时间	在群里推荐瑞幸新品
18:00～20:00	工作结束时间	在群里推荐瑞幸潮品

2. 运用一些心理技巧

（1）**稀缺效应**。“送8杯生椰拿铁”“请大家喝10杯杨枝甘露”，限额新品引发用户拼手气。

（2）**损失厌恶**。“快来抢15元大额券”“3.8折饮品券”，限时活动让用户心痒痒。

3. 制定一套行为规范

在入群前，每位成员都看到瑞幸咖啡制定的社群规范。

（1）本群是福利群，暂不解决客服问题，如有问题可私聊Lucky沟通～

（2）本群禁止发布与瑞幸无关的内容与链接，一经发现马上送飞机票一张！

（3）本群禁止涉政、黄赌毒言论及表情，一经发现马上再见！

4. 搭建一套组织架构

组织架构如下图所示。

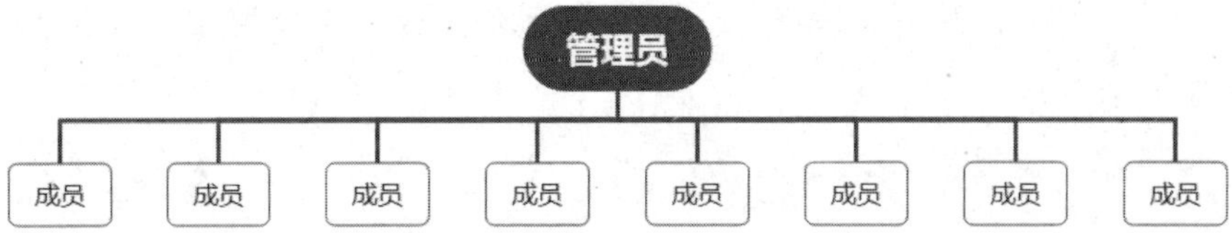

总结：

冲突"× N同店顾客×发福利"=瑞幸咖啡福利群的运营之道

↓　　　↓　　　↓

需求　　连接　　解决冲突

瑞幸咖啡福利群的运营秘诀，第一是洞察用户面临的冲突，冲突产生需求；第二是通过微信群连接同店顾客；第三是通过发福利不断解决社群成员的冲突。

西安交通大学和清华大学校园夸夸群

2019年3月，西安交通大学三位学生突发奇想建立了“西交夸夸群”。刚建群只有9个人，几周后，发展到4个微信群和2个QQ群，总人数超过3 200人。

夸夸群的规则是：在群里，只要一人求夸，众群友皆给予夸奖。

求夸者：上课被老师喊起来回答问题没答出来……求夸！

夸人者：学习，稳扎稳打明确了自己的盲点，被老师重视必有非凡之处。

求夸者：我今天失恋了，求夸！

夸人者：拜拜就拜拜，下一个会更好，失去了一棵树却收获了整片森林。

求夸者：晾衣服的时候，手被划破了，求夸！

夸人者：你的辛劳与爱干净，给晾衣杆留下了深刻的印象，它也想给你留下一些印记，人生就是这样，充满浪漫的相遇。

“西交夸夸群”火了后，清华大学等高校的学生们也建起夸夸群。起初，清华大学的学生在夸夸群一般是“夸父”“夸克”“夸友”等昵称，后来出现了诸如“青青小火锅园长”“桃李煎饼大爷”“紫荆打饭大妈”“图书馆拖地大叔”这样有学校特色的昵称。如清华夸夸3群：

@紫荆打菜大妈：求夸。

@图书馆拖地大叔：@紫荆打菜大妈 你代表了一群兢兢业业为学生服务的群体，值得称赞，值得表扬。

@紫荆九号楼微波炉炉长：@紫荆打菜大妈 感谢您一直以来的照顾，每次在紫荆吃饭都超饱饱的。

西安交通大学、清华大学拥有数十个夸夸群，每个夸夸群的运营原理都相同，都可以用同一个公式表示：

冲突″×*N*同校同学×自由夸人″＝校园夸夸群的爆款之道

变量1：*N*冲突

1. 学生面临哪些冲突

冲突=渴望+障碍

名牌大学的学生尽管都十分优秀，但是他们面临的压力比普通大学的学生更大。自己是优秀者，可身边的学生比自己更优秀，学业的压力也大，还有各种各样的证书和考试需要准备，还有考研和出国等一系列事情需要安排。在这样的情况下，难免会有挫败和失望等负面情绪累积。

2. 需求是否满足“痛点、刚需、高频”

☑痛点：大学生在现实中面临的障碍较大。

☑刚需：大学生的需求较强烈。

☑高频：大学生需求频次较高。

变量2：*N*同校同学

1. 连接的条件

相同：大学生。

相邻：同校。

2. 连接的平台

微信群和QQ群。

3. 夸夸群靠什么在校内赢得注意

（1）**相关度高**。夸夸群与本校学生有关，容易获得本校学生关注。同校同学，一方面彼此具有足够的信任度，另一方面相互有一定的了解，容易找到相互赞赏的角度。

（2）**反差性大**。现实世界和社群世界的反差如下表所示。

现实世界	社群世界
互相竞争，关系淡漠	互相夸奖，互相鼓励

中国社会是一个吝啬于夸赞的社会，大多是挫折教育而不是赞赏教育，造成很多人有被赞赏的饥渴心理。

变量3：自由夸人^n

1. 设计一种互助模式

在互助模式下，每个人都可以求夸及夸别人，不断形成共鸣。

2. 制定一套行为规范

清华夸夸群的群规如下。

（1）发自内心地赞美他人，积极发现他人的优点和长处，缔造和谐美好的群氛围。

（2）严禁传递过于负能量、过于暴力、过于色情、灵异恐怖的图片或信息。

（3）请不要在本群大规模斗图或表情包，浪费大家查看的时间。

（4）请不要将此群发展成为外卖红包互发群、广告群，以及小程序分享复活群！违者将收到警告！

3. 搭建一套组织架构

组织架构如下图所示。

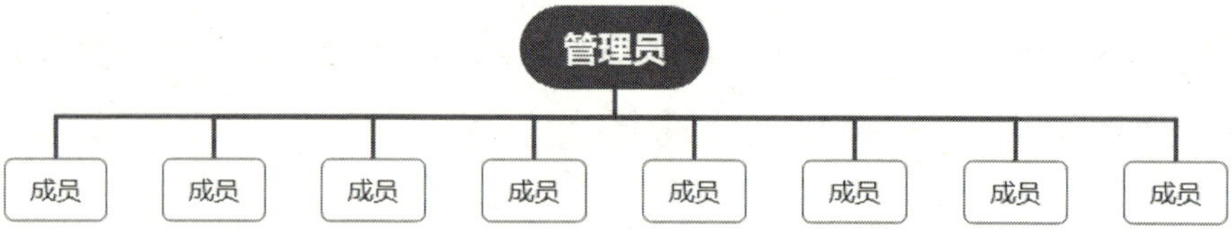

总结：

冲突″×*N*同校同学×自由夸人″=校园夸夸群的爆款之道

↓　　↓　　　↓

需求　连接　　解决冲突

校园夸夸群的运营秘诀，第一是洞察用户面临的冲突，冲突产生需求；第二是通过微信群连接同校同学；第三是通过自由夸人不断解决社群成员的冲突。

最靠谱的谈恋爱小组

某婚恋平台发布的2021年第二季度《单身人群调研报告》显示，超七成的人渴望得到“甜甜的恋爱”，近半数人单身时长超过3年以上，超五成人生活圈难以接触到合适单身异性。而影响脱单的主要因素有：越来越难以心动（占41.41%）、择偶太理想化（占37.7%）、不主动不积极（占36.9%）、太宅无社交活动（占35.65%）、工作太忙（占31.38%），其次是性格内向、个人经济条件差、对自己的外貌不自信、容易和异性发展成“哥们”，以及原生家庭影响和父母干涉等，这些都成为当代年轻人脱单难的影响因素。

Don’t knock NY（豆瓣昵称）自2010年起在豆瓣网先后成立了12个小组，例如“成都最靠谱的谈恋爱小组”“上海最靠谱的谈恋爱小组”“南京最靠谱的谈恋爱小组”等。小组的口号是：“进来这个小组，就马上谈段靠谱的恋爱！速度找人，见面，吃饭！有感觉就谈，没感觉就换！不在网上观望和浪费时间！”

而在解决了用户冲突后，运营者通过小组置顶贴与公告栏广告实现社群变现。公告栏广告费用为400/月，小组置顶贴费用为500/月。

这12个小组目前共吸引了496 289位豆瓣单身青年，可以用同一个公式表示：

冲突^N×N同城单身×自由征友^N=最靠谱的谈恋爱小组的运营之道

变量1：N冲突

1. 用户面临的冲突有哪些

冲突=渴望+障碍

单身青年想谈恋爱，无奈自身社交圈狭窄、不善交际，同时婚恋机构和相亲网站往往不靠谱。

2. 需求是否满足“痛点、刚需、高频”

☑痛点：单身青年在现实中面临的障碍较大。

☑刚需：单身青年的需求较强烈。

☒高频：低频需求，在征友成功后就不会再使用社群。

变量2：N同城单身

1. 连接的条件

相同：单身。

相邻：同城。

相反：异性。

2. 连接的平台

豆瓣小组。

3. 小组如何拉新

（1）**豆瓣搜索**。Don't knock NY本身没有单身资源，但是豆瓣网有海量用户，每个“最靠谱的谈恋爱小组”都添加了“交友”恋爱和当地城市的标签，方便豆瓣用户搜索到该小组。

（2）**邀请好友**。小组用户可以自行邀请自己的豆瓣好友加入小组，如下图所示。

变量3：自由征友^n

1. 设计一种互助模式

在互助模式下，每个人都可以发帖和参与回帖，不断得到曝光机会。

2. 制定一套行为规范

在最靠谱的谈恋爱小组，由成员自行发布征友帖子，管理者仅需要保证社区的良好氛围。

为保证豆瓣社区良好氛围，社区规定：

淫秽情色帖一经发现，直接删帖与封禁账户。

一句话低质量水贴，一次删帖子，二次封禁。

3. 搭建一套组织架构

组织架构如下图所示。

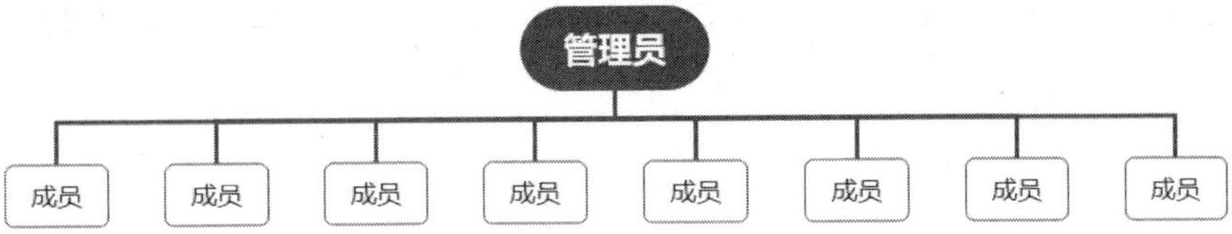

总结：

冲突^n × N同城单身 × 自由征友^n=最靠谱的谈恋爱小组的运营之道

↓　　↓　　↓

需求　连接　解决冲突

最靠谱的谈恋爱小组的运营秘诀，第一是洞察用户面临的冲突，冲突产生需求；第二是通过豆瓣小组连接同城单身；第三是通过自由征友不断解决社群成员的冲突。

第三章 零基础，入门新媒体标题写作

一、别让你金子般的才华被不会写标题埋没

张三入职新公司后负责头条号的运营，万万没想到，刚发布完第3篇文章就因标题滥用“传疯了”“全网第一”等违禁词被封禁账号，为此丢掉了工作。

李四在公司负责公众号运营，除了偶尔搞抽奖活动，人气高一些，文章平均阅读量在500以下，李四还总被主管念叨“标题太平淡”。

王五花了一个月做视频，视频节奏明快、竖屏拍摄、高潮前置，王五自信满满地在抖音发布后，结果播放量还不到300。

赵六在公众号的一篇文章获得80 000阅读量，内容和标题一字没改发在头条号上，原以为能够复制成功，结果头条号的阅读量仅仅1 573。

二、新媒体标题的底层逻辑，一个公式彻底讲透

单选题：

请问以下四个选项中，哪一个适合做公众号标题？哪一个适合做抖音标题？

A. 陆犯焉识

B. 归来

C. 张艺谋最被低估的佳作，禁忌时代下的凄美爱情，十分钟看哭一次

D. 张艺谋携手巩俐陈道明王炸组合，演技真的神了#宅家dou剧场#爱情电影

公布答案：C适合做公众号标题，D适合做抖音标题。A是书名，B是电影片名。

下面一张表告诉你文艺作品命名、传统媒体标题和新媒体标题的区别。

	文艺作品命名	传统媒体标题	新媒体标题
字数	一般较短	可长可短	一般较长
主要作用	提纲挈领 表层含义和深层含义	表明立场 概括内容 吸引注意	吸引注意 精准引流 传递信息
特点	好记 易传播	措辞严谨 公正客观 耐人寻味	眼球效应

注：文艺作品主要指图书、歌曲、电影，传统媒体主要指报纸、杂志、电视，新媒体主要指抖音、快手、微信。

什么是新媒体标题，我给的定义是：给你发表的作品做精准引流的工具，用一个公式来表示：

$$合规 \times N垂直流量 \div 传播成本 = 新媒体标题公式$$

注：N=0～1 000万流量。

（一）变量1：合规

合规指新媒体标题要遵守法律、法规和发布平台的规则。

1. 国家法律关于标题的规范

《网络信息内容生态治理规定》由国家互联网信息办公室制定，自2020年3月1日起施行，旨在营造良好网络生态。中华人民共和国境内的网络信息内容生态治理活动适用本规定。

“标题党”指互联网上利用各种颇具创意的标题吸引网友眼球，以达到各种目的，其主要行为即发帖的标题严重夸张，帖子内容通常与标题完全无关或联系不大，使用诸如震惊、惊爆、重磅、罕见、深度好文、轰动全国、绝密偷拍等字眼。《网络信息内容生态治理规定》第七条明确提出：“网络信息内容生产者应当采取措施，防范和抵制制作、复制、发布使用夸张标题，内容与标题严重不符的信息内容。”第十条强调：“网络信息内容服务平台应当防范和抵制传播本规定第七条规定的信息。网络信息内容服务平台应当加强信息内容的管理，发现本规定第七条规定的信息的，应当依法立即采取处置措施，保存有关记录，并向有关主管部门报告。”

2. 抖音关于标题的规范

抖音是一个供广大用户记录和分享美好生活的互联网平台。对于一些内容较差或者没有核心内容的视频，如果仅仅可以通过一些求赞、求关注的手段就让视频获得大量的互动，从而获得大量的流量，这样对于优质和原创视频创作者公平吗？抖音官方透露，当出现以下非常直接的获取互动方式时，平台就会做出处罚。

（1）**标题骗完播**。通过标题诱导用户看完或者反复看完，例如：“本条视频最后有亮点”“这个视频只有1%的人能看懂哦”。

（2）**标题骗关注**。通过标题诱导用户关注，例如：“我现在只差一个粉丝，总数就可以再涨一位数，优秀的你可不可以再帮帮我呀”。

（3）**标题骗评论**。通过标题诱导用户评论，例如：“留下身份证的后两位，号码一样的做一周情侣”“赶快来评论区，找到你命中注定的那个他/她”。

3. 微信公众平台关于标题的规范

微信团队致力于为用户提供绿色、健康的生态环境，努力打造一个企业、机构与个人用户之间交流和服务的优质平台。

诱导分享指用夸张言语来胁迫、引诱用户分享，包括“不转不是中国人”“请好心人转发一下”“转发后一生平安”“转疯了”“必转”等。针对诱导分享标题，《微信公众平台运营规范》的处罚规则是，一经发现，将根据违规程度对该公众号采取文章禁转发、删文、删粉、封禁相关能力，甚至封号的处理措施。

“一毫克就致癌，煮沸杀不死！天天都能接触到”“晚饭切记不要吃它，再喜欢也要戒口！一定要看”属于夸大、误导类标题。针对此类标题，《微信公众平台运营规范》的处罚规则是，对违规情节较轻的公众号，将对其名称、头像、功能介绍、图文消息等违规点进行处理；情节较重的，将限制其账号群发、关注、分享、搜索等功能，或直接限制账号使用。

网上流传着诸如“利用微信SEO霸屏引流，躺赚不赔”“微信SEO精准引流玩法，批量注册公众号+量产原创文+关键词霸屏”的文章，对此，《微信公众平台运营规范》明确规定，使用不正当的手段或利用搜索引擎技术规则等，例如文章标题或正文大量使用重复的关键词、短句，对公众号、相关信息内容在微信搜索内的自然排名或结果展示等产生提高、降低、干扰或其他非正常影响的效果，一经发现，将根据违规程度对此公众号的所有文章内容进行阶梯性的结果禁搜，甚至采取封号处理措施。

（二）变量2：*N*垂直流量

1. 标题含有什么信息会自带流量

（1）**实时热点**。实时热点指一段时间内比较受广大群众关注，或者欢迎的新闻或者信息。人们关注热点，一是因为对人或事的本身感兴趣，二是通过了解热点获得与他人聊天的谈资。

（2）**公众人物**。公众人物指在一定范围内拥有一定的社会地位，具有重要影响，为人们所广泛知晓和关注，并与社会公共利益密切相关的人物。文章、短视频里只要有他们出现，往往就会有很多人看。

（3）**经典IP**。经典IP就是有知名度的作品名称或者角色人物的名字，在其背后有千千万万的粉丝。例如《西游记》、“孙悟空”、“猪八戒”都属于经典IP。

2. 标题含有什么信息引流更精准

（1）**社交平台：关联词**。

微信的内容分发机制是社交分发，要实现“一传十、十传百”的效果，你需要找到你的内容与用户的关联。大众不是想看你怎么表达你自己，而是读者想在你的文章中看到他自己，他在朋友圈转发这篇文章，是因为“这就是我”“我就是这么想的”“作者帮我说了我想说的”。因此，微信文章标题的写作技巧是，通过关联词，让目标受众对号入座。

我分别搜集了公众号“顶尖文案”“成都商报”“衣锦夜行的燕公子”的数百个标题，用词云图帮助大家理解关联词的作用。

作为分享文案创意案例的自媒体，“顶尖文案”公众号的一系列标题中，“文案”一词出现的频率最高，让文案从业者对号入座，如下图所示。

作为面向成都和四川读者的新闻媒体，“成都商报”公众号的一系列标题中，“成都”和“四川”出现的频率最高，让当地读者对号入座，如下图所示。

作为面向女性的情感自媒体，“衣锦夜行的燕公子”公众号的一系列标题中，“你”“我”“我们”出现的频率最高，这样文章和读者的距离会拉近很多，如下图所示。

（2）**搜索平台：关键词。**

如今，在遇到不懂的问题或关心的话题时，不少用户会把抖音或微信的搜索框当作“百度”来用。据《2020抖音数据报告》显示，抖音日均视频搜索量已突破4亿。2021年微信公开课披露，微信“搜一搜”月活用户已达5亿。

你的作品如果想获得搜索流量，你需要根据普通用户的搜索习惯，在标题中布局关键词。例如小红录制了一部做鱼香茄子的教学视频，如何取标题在抖音里能被搜索到呢？第一步，标题一定要有“鱼香茄子”关键词，否则用户找到作品的机会为零。第二步，根据用户的痛点，可以再补充关键词“少油”。第三步，要在标题中加入话题标签，便于机器识别作品。最终发布出来的抖音标题是“少油型鱼香茄子的做法，超级下饭 #美食教程”。

（3）**算法平台：标签词。**

今日头条、抖音采用的是算法推荐机制，实现精准推荐的前提是，机器通过采集标题中的标签词来给作品归类。如果标题里缺失或者写错标签词，会造成机器误判，推荐给非目标人群，即便投稿内容质量再好，也是一步错、步步错，最终导致数据惨淡。

例如，以下是篮球自媒体“杨毅侃球”在三个自媒体平台的标题，同样的选题，杨毅老师撰写的标题不同：与公众号标题相比，头条号标题加入了标签词“范志毅”，使得该篇文章除了能被推荐给篮球迷，还能推荐给足球迷，扩大了受众。而抖音短视频标题加入了标签词“中国男篮”和“吐槽大会”，有利于机器识别后推荐给喜爱篮球和喜爱这档娱乐节目的抖音用户。

	标题	数据
公众号	中国男篮被吐的这一晚，你也吐了吗？	10万+阅读量
头条号	范志毅吐槽中国男篮的这一晚，你也吐了吗？	7.8万+阅读量
抖音短视频	男篮《吐槽大会》好笑吗？很好笑，但是…… #中国男篮 #吐槽大会	9.5万+点赞

（三）变量3：传播成本

新媒体标题的作用除了精准引流、吸引注意，第三大作用是传递信息。如果信息传递准确，则会降低传播成本；如果信息传递模糊，则会加大传播成本。

1. 给人看的标题，如何写才能降低传播成本

（1）**减少用户理解成本**。写标题要让读者快速理解内容，避免使用陌生的或抽象的词语。

原标题：蔡跃栋：28岁赚上亿元不算成功，买不了几套房

改进后的标题："同道大叔"蔡跃栋：28岁赚上亿元不算成功，买不了几套房

点评：仅仅出现人物名字，大多数读者恐怕第一时间不知道是谁，而补充头衔后能快速明白。

原标题：9万多公里，无腿少年用轮椅来穷游

改进后的标题：9万多公里，半个中国，无腿少年用轮椅来穷游

点评："9万多公里"对大多数用户理解起来都太抽象，而用类比说明后更加直观。

（2）**减少用户决策成本**。好标题能够减少用户的决策成本，要写出这样的标题，需要利用用户的损失厌恶心理。

损失厌恶，指人们面对同样数量的收益和损失时，认为损失更加令他们难以忍受。同量损失带来的负效用为同量收益带来的正效用的2.5倍。

例如"宜家家居"公众号的文章标题：

11·11优惠倒计时，最后2天！

还有最后8个小时！你就要错过这次大优惠了！

免费赢取家居达人，最后2天，机不可失

（3）**减少用户扩散成本**。人人都希望在朋友圈塑造良好的形象，因此要让用户愿意分享或点赞你发布的文章或视频，你写的标题务必要避免低俗或庸俗。

2. 给机器看的标题，如何写才能降低传播成本

（1）**避免用绰号**。在头条号写标题，避免乱用绰号，如“詹姆斯”写成“詹皇”，“利物浦”写成“红军”，“唐纳德·特朗普”写成“川普”，否则机器无法识别，会导致推荐量低。

（2）**避免网络新词**。在头条号写标题，避免乱用网络新词，如“活久见”“腿玩年”“城会玩”等，否则机器无法识别，会导致推荐量低。

（四）标题公式的结果

标题公式的结果有3种情况，如下图所示。

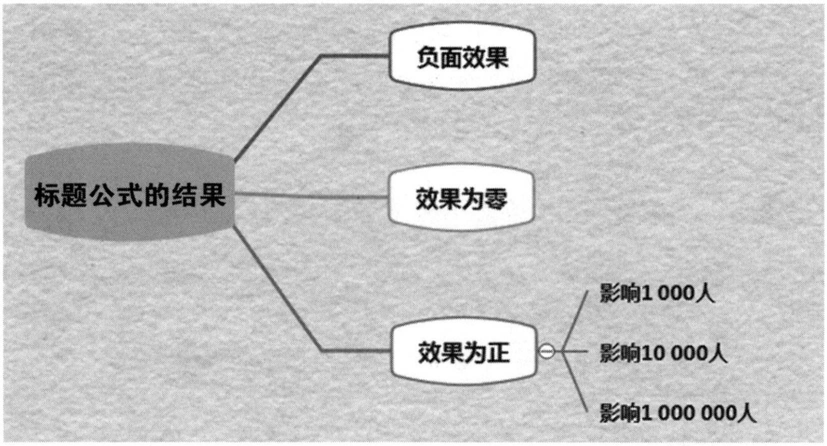

（1）**负面效果**，是在“合规”这一变量上出了问题，不合规和低

俗的标题会面临被删帖、被封号的严重后果。

（2）**效果为零**，即*N*=0，表示标题吸引的是非目标受众，带来无效流量。

（3）**效果为正**，*N*的值越大，“传播成本”的值越小，标题传播的影响力越大。

三、如何写标题，公众号文章阅读量高

（一）图解微信传播原理

微信传播和病毒传播类似，都属于“人传人”的裂变式传播，如下图所示。

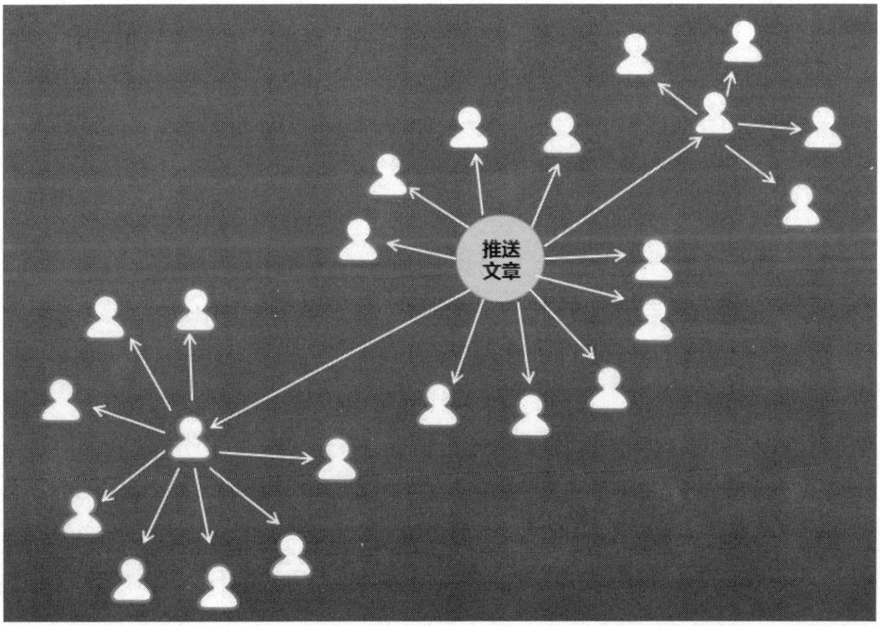

文章在微信公众号平台推送后，被一部分订阅的粉丝打开，大多数读者阅读完会直接关掉，少部分读者会在朋友圈分享或转发给好友，传播层级有机会继续延伸，一传十、十传百……

文章被用户分享到朋友圈后，他的好友只能看到标题，有多少人会点进来看，主要取决于标题是否具有吸引力，如下图所示。

（二）公众号标题写作公式

张三用一个有1 000个粉丝的账号发了一篇文章，文章打开率不到20%，只有张三自己转发了文章，最终阅读量不到200。

李四同样用一个有1 000个粉丝的账号发了一篇文章，打开率也是20%，但是不少人主动转发，最终这篇文章的阅读量达到了10 000+。

公众号文章标题的写作诀窍是，不仅要让用户看了后想点击，而且要能引导用户主动转发，我用一个公式来表示：

点击欲+转发欲 =公众号标题写作公式

1. 变量1：点击欲

创造点击欲有以下3种常见技巧。

（1）**特别点名**。当我们参加某个酒会时，在嘈杂的声音背景下，我们很难听清楚别人在说什么。但如果有人突然喊我们的名字，我们一下子就能反应过来。为什么那么多人说话都听不见，而别人一叫我们的名字就能吸引我们，因为大脑对自己关心的事情会特别在意。

以上现象在心理学中被称为“鸡尾酒效应”。写标题可利用鸡尾酒效应来引起用户的注意，例如“李佳琦Austin”公众号用“所有女生”提醒目标受众：

所有女生！你有一份双节福利待查收！

@全国所有女生，李佳琦给你们拜年了！

所有女生注意！双十一售后反馈看这里！

（2）**引发好奇**。知识缺口理论指当某种独特现象出现，而这种现象是我们的知识所无法解释的时，知识的缺口便产生了，此时我们的好奇心也随之产生，促使人们想搞懂这个现象，以填补缺口。

写标题可利用这一点，以发问的方式勾起用户的好奇心。

（3）**引起共鸣**。共鸣有两层含义，第一层含义指观点和思想相互认同。第二层含义指情绪共鸣，指受到别人情绪的感染。

引起共鸣不仅能刺激点击，而且能引导转发。沃顿商学院市场营销学教授乔纳·伯杰研究发现，恐慌、愤怒或者被逗乐能够促使人们分享新闻和信息。不同的情绪被分为高唤醒性和低唤醒性两种，如下表所示。乔纳·伯杰认为，“令人恼火的事情远比伤心事要更容易与家庭和朋友分享，因为你的机体在生理上和心理上都被激发了。”

	高唤醒	低唤醒
积极情绪	惊奇、兴奋、幽默	满足
消极情绪	愤怒、焦虑	悲伤

2. 变量2：转发欲

告诉你一个残忍的事实：一般情况下，人们不愿意主动分享你的内容！要让别人心甘情愿地把你的内容转发给朋友、分享在朋友圈，除了给予利益刺激，你需要了解人们主动分享的心理动机。

（1）**间接表达**。下属想给领导提建议但又怕得罪领导，女生想公开征男友但又不好意思在朋友圈直接说……如何更得体地表达自己的意图或观点呢？借别人的文章来表达不失为一个好办法。例如“胡辛束”公众号主理人胡辛束写了一篇文章“太过独立的女孩，活该没有男朋友”，阅读量 20 多万。为什么这篇文章会受欢迎，胡辛束自己分析说：“题目是最重要的，女粉丝转发到朋友圈，首先说明自己没有男朋友，相当于一条信息、一根橄榄枝，‘我现在没有男朋友，可以来找我’，这是女孩儿含蓄表达自己的一种方式。”

（2）**提供谈资**。工作中面对刚认识的陌生人、生活中遇见久未谋面的朋友，如何避免尬聊？找一些明星八卦、小道消息作为开场白，或者直接把相关报道或评论发给对方，能迅速破冰。因此，如果你的文章能为人们提供谈资，那么被读者转发的概率就会增大。

（3）**塑造形象**。人们为什么喜欢发朋友圈？朋友圈就是满足人自我表现欲望的核心平台，面对朋友圈里的闺蜜、亲戚、同事、客户，表现出“更好的自我”，就成了很多用户潜意识或有意识的行动。因此，如果你的文章能够帮助读者在朋友圈塑造更好的形象，那么你的文章不愁没人转。

（4）**产生优越感**。奥地利心理学家阿德勒认为人的总目标是追求“优越性”，摆脱自卑感。优越感本质应该是一个人对于自我能力和成就的自信，而并不是对于他人的俯视和不屑。

（5）**树立目标**。人们有了寻求改变的想法，例如减肥、考级，为了更好地督促自己，大多数人的做法就是把自己的意图在朋友圈分享，让公众知晓。

（6）**帮助他人**。人们通常会把认为对别人有帮助的内容转发给对方，或者发布在朋友圈。

3. 案例分析

公众号：人民日报

2013年1月1日，“人民日报”公众号应运而生。“人民日报”公众号充分利用第一大报的权威公信力，致力于打造一个聚集权威新闻、主流热点、利民信息的个性化新闻平台。

以往，受众对党报党刊的印象都是标题严肃，文章枯燥冗长。如今，“人民日报”公众号推送的文章标题都是一目了然的，吸引人的注意力，文章也是精炼短小的，满足了受众碎片化的阅读需求。

标题案例①

我们都为自己是中国人感到骄傲和自豪！

14亿中国人的丰收地图

中国人，太会起名了！

挑战极限！中国人又创造了一项世界之最

改革开放公开课：中国人为什么能

以上标题用公式解析：

特别点名 + 产生优越感 = 人民日报的标题

↓　　　　↓

点击欲　　转发欲

标题案例②

【夜读】自律和不自律之间，差的是一整个人生

【夜读】努力要趁早

【夜读】能扛事，就是才华横溢

【夜读】格局决定结局

以上标题用公式解析：

引起共鸣 +树立目标 = 人民日报的标题

↓　　　　↓

点击欲　　转发欲

标题案例③

【提醒】这些都是身边常见的一级致癌物！快告诉家人

【实用】这些食物，真的不要放冰箱

这些都是“霸王条款”！遇到打12315投诉！

这些是近期最大的谣言！第一条就被搜索了9862万次

【提醒】社保中断怎么办？不了解这些，可能吃大亏！

以上标题用公式解析：

引发好奇+帮助他人=人民日报的标题

↓　　　　↓

点击欲　　转发欲

公众号：同道大叔

2014年7月，“同道大叔”在微博开始推出#大叔吐槽星座#系列漫画，用诙谐幽默的文字及配图，以吐槽十二星座在恋爱中的不同缺点为主，吸引了大量“星座控”网友的关注。2015年4月，“同道大叔”公众号开通，它以十二星座为主题，通过轻松、简单的漫画方式，将情感与星座相结合。

“同道大叔”创始人蔡跃栋曾说，“如果男朋友对女朋友不好的话，那么女孩子经常会发我们的内容给男朋友看，我们就经常帮女孩子说话。”“同道大叔”公众号的成功关键，便是“洞察用户心理”。大家谈论星座时，不只是想看星座本身，更是想通过它来琢磨一个人，甚至寻求与某个人相处的方式。

标题案例①

这个星座的脾气也太好了吧！

不仅优雅，还温柔体贴的三大星座女

异性缘爆棚但依旧单身的三大星座！

以上标题用公式解析：

引发好奇 + 塑造形象 = 同道大叔的标题

↓　　　　↓

点击欲　　转发欲

标题案例②

不能凶只能宠的三大星座女

建议你对巨蟹座好一点

朋友圈里，这些人情商最低

以上标题用公式解析：

引发好奇 +间接表达 = 同道大叔的标题

↓　　　　↓

点击欲　　转发欲

标题案例③

跟水瓶座谈恋爱真的很累！

处女座下半年太可怕了！

金牛座的恋爱神逻辑！

以上标题用公式解析：

特别点名 + 提供谈资 = 同道大叔的标题

↓　　　　↓

点击欲　　转发欲

公众号：网易哒哒

网易哒哒是网易新闻旗下的创意工作室，日常生产创意H5和条漫内容，作品风格新颖有趣，主要面向年轻人群体。哒哒工作室的内容创作宗旨是“用更短的时间，带你看更酷的世界”。

圈层营销是网易哒哒团队的爆款秘诀，圈层传播指让内容符合不同类群的兴趣取向，从而激发类群之间的传播。网易市场部总经理袁佛玉提出，作为营销人必须要对用户做分层，对圈层用户找到适合他们的洞察，策划适合他们的传播，在他们里面引起响应。

标题案例①

四川女孩，我真的可以！

我！想！有！个！云！南！朋！友！

甘肃，特别美，特别硬核

你永远也富不过一个福建人

@新疆人，请和我做朋友，求求了！

以上标题用公式解析：

特别点名＋产生优越感＝网易哒哒的标题

↓　　　　↓

点击欲　　转发欲

标题案例②

2021，请对打工人好一点

啊啊啊啊啊做运营的也太惨了吧！

叫你当老师！叫你当老师！太难了吧哈哈哈哈哈哈

以上标题用公式解析：

特别点名＋间接表达＝网易哒哒的标题

↓　　　　↓

点击欲　　转发欲

标题案例③

对不起，“90后”不想走出舒适区

这届“90后”不相信天赋

职场“90后”，随便辞职，不敢请假

以上标题用公式解析：

特别点名＋提供谈资＝网易哒哒的标题

↓　　　　↓

点击欲　　转发欲

公众号：丁香医生

2014 年发展至今，“丁香医生”公众号从日常生活中常见的生活误区、疾病症状、健康观点、社会热点话题入手，传播健康科普知识、传播正能量。“丁香医生”公众号的粉丝，以城市新中产为主，男女比例趋于一致，集中在北上广深等一二线城市。

丁香医生团队在传播中不是简单地去抓年轻人，而是通过洞察到年轻人和中老年人的代际冲突后，策划相应的内容让年轻人主动分享给老年人，实现跨越圈层的传播。

标题案例①

把痰咽回去，会不会对身体不好啊？

过年期间，家里剩菜剩饭放多久会变质？

降血压，吃芹菜有用吗？

鱼的这个部位可能有毒，千万别吃啦

以上标题用公式解析：

引发好奇＋帮助别人＝丁香医生的标题

↓　　　　↓

点击欲　　　转发欲

标题案例②

网红们吹爆的“轻断食减肥”真的有用吗？有些真相他们没告诉你

球星马拉多纳因心脏病去世，运动员的心脏和普通人真不一样吗？

吴孟达因肝癌去世|为什么肝癌一发现就是晚期？

以上标题用公式解析：

引发好奇＋提供谈资＝丁香医生的标题

↓　　　　↓

点击欲　　　转发欲

四、如何写标题，抖音短视频推荐量高

（一）图解抖音推荐原理

每分钟都有上千个视频被上传到抖音平台，每个作品获得均等的曝光机会是不可能的。

如何把最大的资源分配给更优质的作品？抖音采用赛马机制，是“青铜”还是“王者”？拿数据结果说话。每一个作品先给一点小流量，如果用户反馈不好，那么推荐到此结束。如果数据表现好，就进入更高级流量池，依此类推，如下图所示。

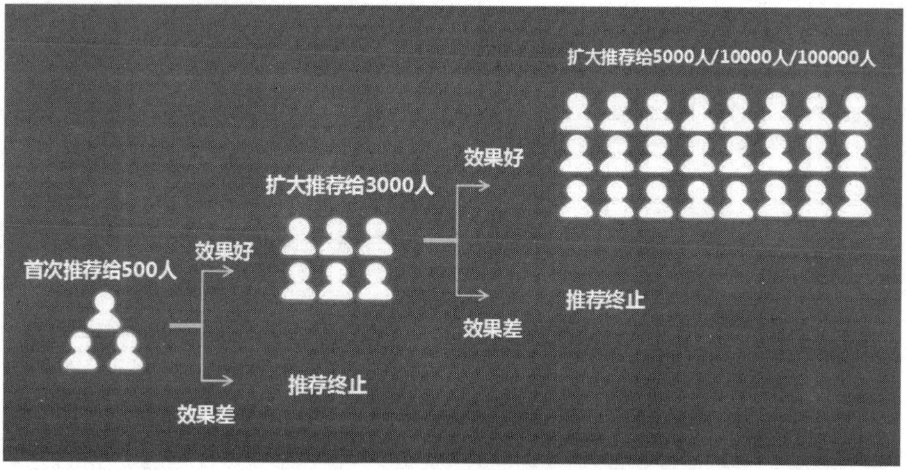

抖音系统采用什么标准考核流量池里的作品？不同于传统媒体由主编把关，抖音把评判权交给用户，通过用户观看作品的四项数据（点赞率、完播率、评论率、转发率）加权打分。

（二）抖音标题写作公式

如何写抖音标题，我用一个公式来讲解：

给机器看+给人看 =抖音标题写作公式

1. 变量1：给机器看

一本新书上市，图书封底“上架建议”的备注必不可少，这样书店员工才能准确上架，目标读者才能快速找到。

同理，为了让机器“理解”你的视频所属类别，便于向目标受众精准推荐，写标题时务必要“打标签”或“加话题”。

（1）**打标签**。这里的标签指发布视频的所属类别。抖音平台上的视频，按照类别划分，有30种常见分类，如下表所示。

美女	帅哥	搞笑	情感	剧情
美食	穿搭	影视娱乐	游戏	宠物
音乐	舞蹈	健康	体育	旅行
动漫	创意	时尚	母婴育儿	汽车
家庭	家居	科技	摄影	政务
知识资讯	办公软件	文学艺术	明星	其他

“打标签”的方法是，以“#”号打头，再注明视频所属类别。例如，要在抖音上发布一个搞笑类视频，就在标题中打上标签“#搞笑”；要在抖音上发布一个汽车类视频，就在标题中打上标签“#汽车”。

（2）**加话题**。“加话题”的方法是，以“#”号打头，再选取抖音上相关热门话题。为了扶持创作者，抖音官方会在营销节点或节庆期间，发起热门话题或挑战，内容创作者可选择相关领域的热门话题进行参与，部分热门话题如下表所示。

领域	部分热门话题
美食	#美食趣胃计划 #抖音心动餐厅 #抖音美食制作人
汽车	#我的花样车生活 #2020抖音汽车影响力创作者 #抖音车位争霸赛
体育	#dou来足球季 #dou来cba #dou来nba
影视娱乐	#我的观影报告 #宅家dou剧场
知识	#dou出新知 #轻知识计划 #知识充电站 #宅春节涨知识

2. 变量2：给人看

给用户看的信息，其目的是引导用户行为（点赞、评论、关注、转发），从而助推作品在流量池中的数据表现。

（1）**引发好奇感**。常用技巧是抛出一个问题，创造知识“缺口”，引导用户在视频里找答案，从而助推视频完播率的达成。

（2）**产生共鸣感**。常用技巧是通过充满正能量的语句，引发用户共鸣，从而提高视频的点赞率或转发率。

（3）**建立期待感**。常用技巧是预告视频中或末尾有惊喜，让用户带着期待看视频，从而助推视频完播率的达成。

（4）**增加参与感**。常用技巧是用选择疑问句或争议话题引发用户评论，从而提高视频的评论率。

3. 案例分析

抖音号：虎嗅App

抖音财经类账号“虎嗅App”，由北京虎嗅信息科技股份有限公司创办，内容定位于商业点评和财报分析。

标题案例①

为什么普通人选择#股票#基金 这种高风险理财的结局总是这么惨？ #财经

上市一周就降价？ #iPhone 12不香了吗？ #苹果 #财经 #芬钛计划

什么是天使轮、A轮、B轮、C轮？ #知识 #商业 #财经 #创业 #投资

以上标题用公式解析：

打标签和加话题 + 引发好奇感 = 虎嗅App的抖音标题

↓　　　　↓

给机器看　　　　给人看

注：#股票 #基金 #苹果 #财径 #知识 #商业 #投资属于标签，#芬钛计划属于话题。

标题案例②

罕见！#耐克 裁员，单季巨亏50亿元，股价大跌！#nike #球鞋 #aj

1块钱的水赚6毛！ #农夫山泉 做大自然最赚钱的搬运工 #财经 #知识 #商业

#美的“要钱”，#格力“要命”，他们的软肋都在哪儿 #商业 #董明珠 #知识

以上标题用公式解析：

打标签 + 产生共鸣感 = 虎嗅App的抖音标题

↓　　↓

给机器看　给人看

标题案例③

#爱奇艺“卖身”#腾讯？你买会员了吗？#商业

#小米 还是一家#手机 厂商吗？#雷军 #商业

#腾讯 市值超#阿里 登顶中国第一，你贡献了多少#商业

以上标题用公式解析：

打标签＋增加参与感＝虎嗅App的抖音标题

↓　　　↓

给机器看　给人看

抖音号：虎哥说车

抖音汽车类账号“虎哥说车”，由杭州交通电台91.8的主持人于虎创办，2019年2月入驻抖音，视频主要内容是介绍汽车、价格、轮胎等。“虎哥”以光头形象和段子解说成功吸引了用户的注意。

标题案例①

结尾我有点“飘”了…… #不设限dou出界 @抖音汽车 #秀出你的神座驾

豪车养护清单，最后有彩蛋哦！ #你好2020 @抖音小助手 @抖音汽车

千万不要看到最后…… #我的花样车生活

以上标题用公式解析：

加话题＋建立期待感＝虎哥说车的抖音标题

↓　　　↓

给机器看　给人看

标题案例②

小伙伴们假期都自驾去哪里了？ #我的十一吃喝玩乐 #堵车 @抖音小助手

你从哪条视频开始关注我的呢？ #2020抖音汽车影响力创作者 @抖音汽车

想问问大家都怎么攒私房钱的？ #2020抖音汽车影响力创作者 #汽车人共创计划 @抖音汽车

以上标题用公式解析：

加话题 + 增加参与感 = 虎哥说车的抖音标题

↓　　　　↓

给机器看　给人看

标题案例③

自强不息，华系崛起！ #行走的科技堡垒 #男神争霸赛 #全dou是飙车

当我们不再年轻，愿你理想不止，征途不停 #抖音车位争霸赛 #西藏

谁说岁月静好，只是有人负重前行 #认真的样子真可爱 @抖音小助手

以上标题用公式解析：

加话题 + 产生共鸣感 = 虎哥说车的抖音标题

↓　　　　↓

给机器看　给人看

抖音号：字节君

抖音企业类账号“字节君”，是字节跳动企业文化官方账号，账号运营的目的是通过分享字节跳动的工作和活动，吸引更多优秀的人才加入。

标题案例①

#校招加入 #字节跳动 做推荐算法是什么体验？

#冷知识 #字节跳动 为什么不提倡员工做 #ppt ？@DOU+小助手

疫情期间在家找工作，远程面试需要注意什么？ #春招 #dou有好工作

以上标题用公式解析：

打标签和加话题 + 引发好奇感 = 字节君的标题

↓ ↓

给机器看 给人看

标题案例②

#带上同事一起抖音 看设计师小姐姐戏弄程序员小哥哥……下班别走，亮点在最后！

还记得第一天工作的样子吗？看到最后发现 #字节跳动 的新同学第一次工作居然是这样的……@DOU+小助手

以上标题用公式解析：

加话题 + 建立期待感 = 字节君的标题

↓ ↓

给机器看 给人看

标题案例③

看晕了……到底谁最厉害？公司 #健身房 以为你是青铜，原来是个王者！

听说今天吃到 #粽子 的人会变成小仙女！ #原来你有两副面孔 想吃什么味儿的留言给我 #端午

以上标题用公式解析：

加话题＋增加参与感＝字节君的标题

↓　　↓

给机器看　给人看

抖音号：一禅小和尚

抖音情感类账号“一禅小和尚”，由苏州大禹网络科技有限公司孵化。凭借呆萌可爱的动漫人物形象、唯美的中国风格的背景，一禅小和尚关于情感、成长、孤独的发问和趣事，戳中了当代青年内心隐秘的情感痛点。

标题案例①

这也许是感情中，最应该明白的事…… #情感 @抖音小助手

男生彻底喜欢上一个女生，究竟是什么样子？ #情感 @抖音小助手

成年人的世界没有容易二字，除了…… #情感 @抖音小助手

以上标题用公式解析：

打标签＋建立期待感＝一禅小和尚的标题

↓　　↓

给机器看　给人看

标题案例②

容易心软的人，往往受伤最深，这也许是感情中最让人心疼的事 #情感 #人生 @抖音原创动漫 @抖音小助手

愿你的所有付出，到头来都不被辜负。#情感 #爱情 @抖音小助手

努力是会上瘾的，尤其是当你尝到甜头后。#情感 #动漫 @抖音小助手

以上标题用公式解析：

打标签 + 产生共鸣感 = 一禅小和尚的标题

↓　　　　↓

给机器看　给人看

第四章 零基础，入门新媒体软文写作

一、软文的定义

时间：19:00　　　地点：购物中心门口

“游泳健身了解一下”，话音刚落，一张宣传单硬塞到小芳手中。

时间：22:00　　　地点：小芳家的卧室

睡前刷手机时，小芳被一篇“新闻”吸引：女孩为考空姐两个月减重 30 斤，“新闻”里还透露了女孩常去的健身房地址。

如上所述，小芳所看到的“新闻”，就属于软文。

什么是软文？我给的定义是，软文是以新闻报道、评论文章、知识科普、干货文章、情感文章、短篇小说、日记随感等任意一种形式为内容载体，以品牌公关或销售产品为目的的文字广告。

二、新媒体软文的底层逻辑，一个公式彻底讲透

为了让你更清晰地学习软文，我通过一个公式让你秒懂：

内容载体×植入广告=软文写作公式

（一）变量1：内容载体

1. 软文为什么需要内容载体

“广告之父”大卫·奥格威认为：“如果一条广告看起来不像广告，而像一条新闻或评论，那么大多数读者会停下来将它读完。”内容载体的作用是，让读者沉迷于内容，在不知不觉中感受到广告。

2. 哪些内容可以作为载体

常见的内容载体形式有以下 5 类。

（1）**新闻评论**。新闻评论指作者对最近发生的热点事件发表言论。

例如，“杨毅侃球”公众号的文章“打碎所有质疑，超越世人想象——莱昂纳德，一年足矣”就是以新闻评论为内容载体的软文，针对莱昂纳德率领猛龙队夺冠的新闻事件进行评论，文章末尾植入广告的文字是“在NBA赛场之上，球员们不断地突破自我、挑战极限，成就卓越表

现，这与美孚1号的品牌精神相得益彰。”

（2）**知识科普**。科普文章指作者用一种通俗易懂的语言，来解释某种现象和理论。

例如，“顾爷”公众号的文章“一口气看懂毕加索，包教包会，不收学费”就是以知识科普为内容载体的软文，针对大多数人看不懂毕加索画作的问题进行科普：“毕加索要做的事情是颠覆几百年的绘画传统，所以创造了一种更具颠覆性的画法，用一个词来总结，就是化繁为简。”文章末尾植入的广告文字是：“就像以前你在路边停车时，总会手忙脚乱到处找手刹，现在传统手刹已经化繁为简，变成了电子手刹。全新一代朗逸，让你像毕加索一样，自由地在城市坡道走走停停。”

（3）**干货文章**。干货文章指在一篇文章中尽可能多地提供最新、最全、最专业的信息。

例如，“佩弦”在文章“零基础，如何系统有效地学习文案写作？”中分享文案学习的干货知识，其中写道，“文案工作者需从思维、热情、工具、方法、技能、行业六个维度进行提升，如此才能既掌握好招式，又修炼好内功”，并在文章末尾推荐了图书《爆款文案写作公式》。

（4）**短篇小说**。短篇小说指平均篇幅在万字左右的小说，其特点是篇幅短小、情节简单、人物集中、结构精巧。

例如，“银教授吐槽”公众号的文章“曾经眼里全是你”就是以小说为内容载体的软文，文章改编自《笑傲江湖》，故事讲述令狐冲在华山的师徒情谊，以及与小师妹的情感故事。当情节进展到风清扬传授令狐冲剑法时，作者写道：“令狐冲哪来的钱交学费？在他行走江湖的那些日子里，‘不带心法’不止一次帮助令狐冲化险为夷，如天下功夫，唯快不破。平安银行不带卡，一键出卡，即刻使用，还有多重优惠等你来拿。”

（5）**日记随感**。日记随感的内容来源于作者对生活的观察，可以记事、写人，也可以状物、写景，还可以记述活动。凡是作者在一天中做过的，或看到的，或听到的，或想到的，都可以是日记的内容。

例如，“胡辛束”公众号的文章“说不定吃点儿东西就会有灵感”就是以日记随感为内容载体的软文。在文章里，作者记录了单身的“我”在餐厅独自用餐、排队等候的尴尬与无奈，文章末尾推荐了肯德基自助点餐App。

（二）变量2：植入广告

1. 什么是植入广告

植入广告指把产品信息或品牌内核融入文章的一种广告方式，用户先被内容载体吸引并沉迷其中，不知不觉中再看到广告。在软文中，植入广告的字数往往占文章总字数的1%，甚至更少。

2. 植入广告的两种类型

植入广告分为植入产品信息和植入品牌内核。

（1）**植入产品信息**。植入产品信息包括但不限于产品图片、价格优惠、代言人、促销周期等。

（2）**植入品牌内核**。植入品牌内核包括但不限于品牌Slogan、品牌历史等。

（三）公式的结果

为什么连接软文公式各元素的符号是乘号呢？软文公式的结果有以下3种。

1. 公式乘积为正数

“内容载体”的绝对值越大，说明文章内容越充实，则软文效果越好。“植入广告”的绝对值越大，说明植入方式越巧妙自然，则软文效果越好。

2. 公式乘积为零

如果“内容载体”=0，则意味着文章属于纯广告，不属于软文。如果“植入广告”=0，则意味着文章只有内容，不属于软文。

3. 公式乘积为负数

如果“植入广告”为负数，则意味着广告虚假承诺或产品质量存在问题，其结果是给消费者带来误导，广告主、作者也会被追究法律责任。

三、两个模板，轻松写软文

根据植入广告的类别不同，软文可分为卖货型软文和品牌公关型软文。对于卖货型软文，其文章目的是提高产品的销量；对于品牌公关型软文，其文章目的是提升品牌的知名度。

初学软文的你，总会面临文章逻辑性差、广告植入生硬的痛苦。为此，我总结了两个模板，新人照着做，即可快速写出软文。

（一）卖货型软文

1. 卖货型软文的写作模板

锁定用户

↓

设置主角

↓

呈现冲突

↓

推荐产品

↓

逼单成交

第一步：锁定用户

（1）**发布渠道选择**。软文发布渠道的选择，要满足两个条件：粉丝数量大和粉丝精准。

广告主的目标消费者与发布渠道的目标粉丝是否有交集，是软文投放时要优先考虑的问题。例如，在一个以家庭妇女为目标受众的公众号中植入IT类产品显然是不合适的，目标受众群的分离将造成广告的无效或低效投放。

（2）**软文的标题写作技巧**。通过标题中的关键词锁定目标用户，例如以下标题中关键字“杭州”有利于吸引“GQ实验室”公众号的杭州地区的粉丝点击文章。

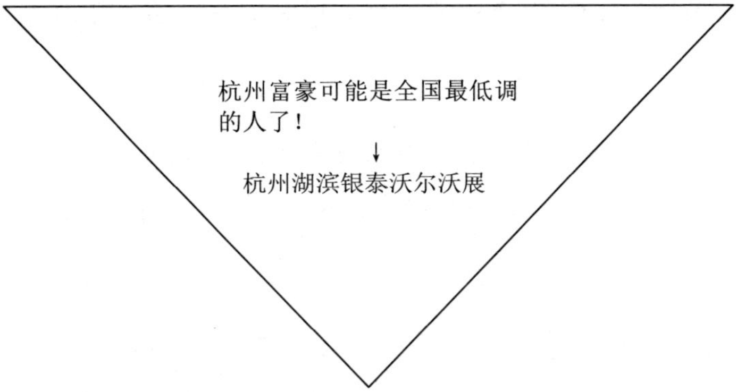

又如，以下标题中关键字“恋爱”有利于吸引“GQ实验室”公众号的情侣粉丝点击文章。

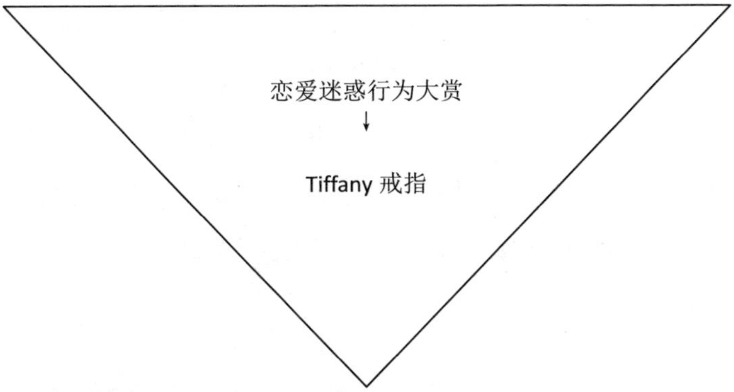

第二步：设置主角

文章主角的选择要满足两个条件：与目标消费者关联性强，对目标消费者耳熟能详。

软文中常见的主角设置如下。

（1）**相关群体**。即文章以相关群体为主角，相关群体包含职业群体、星座群体、两性群体等，针对某个选题对相关群体的个人进行采访和调查以完成文章。

（2）**知名人物**。即文章以知名人物为主角，知名人物包括知名娱乐明星、知名小说人物等。

（3）**知名作者**。即文章以作者自己为主角，以第一人称讲述自己的经历或同事闺蜜的故事，前提是作者有较大知名度，才会吸引读者注意。

第三步：呈现冲突

一篇文章，精彩与否往往取决于其中设置的冲突。如果一篇文章没有冲突，那么就会平淡无奇。

冲突的本质是什么？我以一个公式来表示：

冲突=渴望+障碍

想要塑造一个冲突，主角首先需要有一个渴望，比如渴望升职。然后，现实需要给他足够的障碍，来阻止他完成这个渴望。比如，他渴望升职，但是他的业绩一塌糊涂，顶头上司也不看好他。

第四步：推荐产品

有了冲突后，产品作为冲突的解决方案，其出现就顺理成章了。

第五步：逼单成交

在推荐产品后，如何让目标消费者立马下单？答案是逼单。

逼单就像谈恋爱前，从暧昧发展成情侣最重要的一步。倘若读者未下单就退出了文章页面，广告主投放的费用就打了水漂。

逼单需要讲究合适的方法，抓住适当的时机给客户施加压力或给予利益。为此我总结了12种成交套路，读者可根据实际情况选用，让客户成交水到渠成！

套路1："FABE"成交法。

在了解了产品的卖点后，运用"FABE"成交法，软文作者就能针对客户的需求，进行简洁、专业的产品介绍，如下表所示。

Features（特征）	针对产品角度，找出顾客最感兴趣的产品特点。如产品的材质、形状、颜色、数据等
Advantages（优势）	针对产品角度，分析这项产品胜过其他产品的优势。常见形容词有更高、更快、更划算等
Benefits（利益）	针对客户角度，展示产品给客户带来的利益。产品功能对客户的意义何在？能解决客户什么问题
Evidence（证明）	用客观信息证明之前所说的价值点（证明Features和Advantages能给客户带来Benefits）。谁用过？谁买过？这款产品获得过什么奖？有什么市场数据证明

例如，以冰箱的省电为卖点，按照"FABE"成交法可形成的文案如下表所示。

	文案
Features（特征）	这款冰箱最大的特点是省电，它每天用电才0.35度，也就是说，3天才用1度电
Advantages（优势）	以前的冰箱每天用电都在1度以上，质量差一点的可能每天耗电达到2度。现在的冰箱耗电设计一般是1度左右。你一比较就可以知道为你省多少钱
Benefits（利益）	假如0.8元1度电，一天可以省0.5元，一个月省15元。就相当于省了你的手机月租费
Evidence（证明）	这款冰箱为什么那么省电呢？你看它的输入功率是70瓦，就相当于一个电灯的功率。这款冰箱用了最好的压缩机、最好的制冷剂、最优化的省电设计，因此它的输入功率小，所以它省电

套路2：“前后对比”成交法。

“前后对比”成交法，将产品使用前和产品使用后的效果进行对比，突出产品功效。

例如，“姜茶茶”公众号的条漫“@同事：你又忘了给我午饭钱！”中就运用了“前后对比”成交法来体现产品效果，如下图所示。

套路3：“错过可惜”成交法。

“错过可惜”成交法是向客户强调不买产品的损失。例如双十一的文案“错过今天再等一年”。

套路4：“三选一”成交法。

销售员提供给客户的选择越多，客户就越难做决定。当作者要求人们在两种或三种方案之间做选择时，用户通常会选择其一。

例如，“衣锦夜行的燕公子”公众号文章“如何通过微博发现那些爱情的蛛丝马迹呢”运用了“三选一”成交法。

我现在正在用的洗发水，来自韩国的“吕”牌。

红吕救损伤，像我这种爱染发爱烫发的少女和妇女们，红吕可以救命。

绿吕帮控油，还有一些朋友，头皮没两天就出油的，选择清新的绿瓶！

紫吕固发防脱，另外一些脱发严重、头发稀疏的人，紫瓶子的吕就是为你们生产的啦。

套路5：“追随领袖”成交法。

客户愿意追随明星、领袖买东西。

例如，“姜茶茶”公众号文章“为什么甲方这次过稿这么快？我费解地放下手中的刀……”运用了“追随领袖”成交法，如下图所示。

套路6：“限量与限时”成交法。

“限量与限时”成交法能给目标消费者压力，让其赶快付钱。

例如，“王左中右”公众号文章“这个杀手不太狠”运用了“限量与限时”成交法。

锁定11月1日，京东超级秒杀日

50款大牌1元秒杀

还有超多网红爆款等你秒

0点开抢，动作要快

不要让荆轲的悲剧再重演

套路7：“过时涨价”成交法。

“过时涨价”成交法同样是给目标消费者压力。

例如，“知乎”公众号运用“过时涨价”成交法推广“超级会员”：“6月6日10:00涨价”，如下图所示。

套路8：“现身说法”成交法。

“现身说法”成交法指作者以亲身经历和体验为产品背书，打消目标消费者的疑虑，促成成交。

例如，“衣锦夜行的燕公子”公众号文章“张柏芝和林志玲：破绽百出的Drama Queen和永不出错的情商女王”运用了“现身说法”成交法。

对于床垫，我本人一直非常讲究。我这个人腰不太好，我以前跟剧组去外地拍戏，有一次睡宾馆，床软到我第二天起床，腰酸背痛。整个人像腰肌劳损一样。我绝对不能睡太软的床。大家会觉得床一定要软软的，像睡在云朵里一样最好了，其实不是的！长时间睡软床，会让你的脊椎受伤！

套路9：“幽默”成交法。

“幽默”成交法指使用幽默的语言，赢得目标消费者的好感和信赖。

例如，“姜茶茶”公众号文章“《乙方防加班实用手册》，本人亲测有效！”运用了“幽默”成交法。

> 大家千万别和爸爸客气，点击左下方原文链接，领到他们破产吧！！

套路10：“找人代付”成交法。

“找人代付”成交法指让目标消费者的伴侣或父母为其买单。

例如，“衣锦夜行的燕公子”公众号文章“震惊！你女朋友拜金又虚荣的真相居然是”运用了“找人代付”成交法。

> 一瓶LaMer面霜单价确实不便宜，但是自己的脸只有一张，怎么可以随便对待！每次不知道要送什么礼物的男朋友们，请看清楚这个广告，这不是暗示了，是明示。没有一个女性会拒绝这样的礼物。
>
> 朋友们，请把这篇肺腑之言转给男朋友、老公、准老公、男性朋友、爸爸、姐夫，以及你身边所有的男性朋友们。让自以为冷静客观的直男们，好好看一下我们在想什么、我们想要什么。
>
> 我们虚荣吗？我们拜金吗？
>
> 我们要的只不过是你们多爱我们一些，永远把我们放在你心里的第一名啊。

套路11：“补偿心理”成交法。

“补偿心理”指人们因为主观或客观原因引起不安而失去心理平衡时，企图采取新的发展与表现自己，借以减轻或抵消不安，从而达到心理平衡的一种内在要求。

例如，电影院运用“补偿心理”成交法，在《西游降魔篇》上映之际，利用宣传文案“每个人都欠周星驰一张电影票”，引导“80后”去电影院买票。

套路12：“多买多省”成交法。

“多买多省”成交法指为鼓励客户购买更多的商品，商家采用的促销政策。例如，服装店“一件9折，两件8折”就运用了“多买多省”成交法。

2. 案例解析

说不定吃点东西就会有灵感

作者：胡辛束　　发布渠道：“胡辛束”公众号　　内容载体：日记随感

锁定用户　　?

↓

设置主角　　?

↓

呈现冲突　　?

↓

推荐产品　　_肯德基App_

↓

逼单成交　　?

案例分析：

“胡辛束”公众号粉丝为年龄集中在24～27岁的女性。在接到“肯德基App”的推广任务后，文章锁定“吃货女性”，“胡辛束”以自己作为故事主角，在面对“等餐尴尬、灵感枯竭”的冲突时，植入产品“肯德基手机自助点餐”。在文章末尾，使用了“补偿心理”成交法，有利于引导用户马上下载App。

锁定用户　　_年轻“吃货女性”_

↓

设置主角　　_胡辛束_

↓

呈现冲突　　_等餐尴尬、灵感枯竭_

↓

推荐产品　　_肯德基手机自助点餐_

↓

逼单成交　　_“爱了肯德基老爷爷那么多年！现在是时候去拥抱它的爱了”_

我采访了100位HR，揭开了国内招聘“黑料”

作者：拉勾职场观察室　发布渠道：“拉勾”公众号　内容载体：调查报道

锁定用户　　?

↓

设置主角　　?

↓

呈现冲突　　?

↓

推荐产品　　_拉勾雇主招聘月_

↓

逼单成交　　?

案例分析：

“拉勾”公众号粉丝主要是互联网行业的求职者和HR，为了推广“拉勾雇主招聘月”，“拉勾”公众号小编洞察到：由于信息不对称，求职者对HR有不少误解，于是文章以HR群体为主角，调查清楚事实的真相。针对HR面临的“急招人但招不到”的冲突，推荐产品“拉勾雇主招聘月”。在文章末尾，使用了“追随领袖”成交法，“线下峰会现场，更有资深HRD为你独家揭秘‘抢人’秘诀，帮你一次完成1年KPI，招人so easy~”。

锁定用户　　_利用信息差吸引HR的注意_

↓

设置主角　　_HR群体_

↓

呈现冲突　　_急招人但招不到、行业资讯少_

↓

推荐产品　　_拉勾雇主招聘月_

↓

逼单成交　　_帮你一次完成1年KPI，招人so easy_

感恩节我升职了，最想感谢的人却是乙方！

作者：姜茶茶　发布渠道：“姜茶茶”公众号　内容载体：职场条漫

锁定用户　　?

↓

设置主角　　?

↓

呈现冲突　　?

↓

推荐产品　　_搜狗广告投放平台_

↓

逼单成交　　?

案例分析：

“姜茶茶”公众号粉丝主要是广告人，在接到“搜狗广告投放平台”的推广任务后，文章锁定“广告人”，故事的主角是甲方群体。当甲方群体面临“找不到靠谱广告平台”的冲突时，推荐产品“搜狗投放平台”。在文章末尾，采用了“幽默”成交法，有利于用户在开心之余下单。

锁定用户　_广告人_

↓

设置主角　_甲方群体_

↓

呈现冲突　_广告费花了不少，却找不到靠谱的投放平台_

↓

推荐产品　_搜狗广告投放平台_

↓

逼单成交　_如下图所示_

为什么男朋友老让你失望

作者：衣锦夜行的燕公子　发布渠道：“衣锦夜行的燕公子”公众号 内容载体：情感文章

锁定用户　　?

↓

设置主角　　?

↓

呈现冲突　　?

↓

解决方案　　?

↓

推荐产品　　_博士伦眼镜亲密又透气_

↓

逼单成交　　?

案例分析：

“衣锦夜行的燕公子”公众号粉丝为在26～35岁的女性，在接到“博士伦眼镜”的推广任务后，文章锁定“对男朋友有意见的女性群体”，故事的主角是给燕公子发私信的女粉丝，在面对“男朋友没达到期望”的冲突时，给出建议“理想的关系是平等而独立的”，随后自然关联到产品“这种亲密又透气的关系，才是婚姻的正确打开方式。就像我最喜爱的博士伦隐形眼镜一样。”在文章末尾，采用“多买多省”成交法：两盒享有77折的优惠，有利于用户买得更多。

锁定用户　　　_对男朋友有意见的女性群体_

↓

设置主角　　　_给燕公子发私信的女粉丝_

↓

呈现冲突　　　_女方认为男朋友没达到期望_

↓

解决方案　　　_理想的关系是平等而独立的_

↓

关联产品　　　_就像博士伦眼镜亲密又透气_

↓

逼单成交　　　_两盒享有77折的优惠_

（二）公关型软文

1. 公关型软文的写作模板

锁定用户

↓

设置主角

↓

呈现冲突

↓

解决办法（人物价值观）

↓

品牌价值观

（1）**人物价值观**。人物价值观是人物认定事物、辨别是非的一种思维或取向。价值观决定人的自我认识，它直接影响和决定一个人的理想、信念、生活目标和追求方向的性质。

（2）**品牌价值观**。品牌价值观指品牌在追求经营成功的过程中所推崇的基本信念和奉行的目标，是品牌经营者一致赞同的关于品牌意义的终极判断。品牌价值观是品牌文化的核心，被誉为品牌的DNA。

2. 案例解析

保卫梦想，哪怕她一再凋零

作者：杨毅　发布渠道：“杨毅侃球”公众号　内容载体：新闻评论

锁定用户　?

↓

设置主角　?

↓

呈现冲突　?

↓

解决办法（人物价值观）　?

↓

品牌价值观　_美乎速霸：保卫梦想_

案例分析：

“杨毅侃球”公众号粉丝主要是篮球迷，在接到“美孚速霸”的品牌公关任务后，文章锁定“篮球迷”，故事主角是骑士队和易建联，面临“想实现突破但困难重重”的冲突，解决办法是拥有“保卫梦想”的信念，而“保卫梦想”正是美孚速霸倡导的价值观。

锁定用户　　_篮球迷_

↓

设置主角　　_骑士队和易建联_

↓

呈现冲突　　_想实现梦想但困难重重_

↓

解决办法（人物价值观）_保卫梦想的信念_

↓

品牌价值观　　_美孚速霸：保卫梦想_

成年人的平庸，是从合群开始的

作者：王左中右　发布渠道：“王左中右”公众号　内容载体：杂文

锁定用户 ?
↓
设置主角 ?
↓
呈现冲突 ?
↓
解决办法（人物价值观） ?
↓
品牌价值观 _别克君越：忠于自我_

案例分析：

“王左中右”公众号粉丝定位于吸引有文化的城市青年，在接到“别克君越”的品牌公关任务后，文章锁定“追求独立的成年人”，故事主角是慕容复和萧峰。慕容复面临“努力合群，却很难获得尊重”的冲突，解决办法是像萧峰一样拥有“忠于自我”的价值观，而“忠于自我”正是别克君越倡导的价值观。

锁定用户 _追求独立的成年人_
↓
设置主角 _慕容复和萧峰_
↓
呈现冲突 _努力合群，却很难获得尊重_
↓
解决办法（人物价值观）_忠于自我_
↓
品牌价值观 _别克君越：忠于自我_

全国各大高校优秀校友图鉴

作者：社会观察单位　发布渠道："GQ实验室"公众号　内容载体：调查报道

锁定用户　?

↓

设置主角　?

↓

信息不对称的冲突　?

↓

公布信息　?

↓

品牌价值观　_雷克萨斯：兼·融之道_

"GQ实验室"公众号粉丝集中在一二线城市25～35岁的人。在接到"雷克萨斯"的品牌公关推广任务后，"GQ实验室"公众号小编洞察到：由于信息不对称的冲突，普通人很难知道"校友近况"，于是通过调查和采访发现：从"兼容并包"到"行胜于言"，不同大学培养出的校友，身上都带着鲜明独特的烙印。而"兼·融之道"正是雷克萨斯倡导的品牌价值观。

锁定用户　_一二线城市25～35岁的人_

↓

设置主角　_各个名校优秀校友_

↓

信息不对称的冲突　_名校校友近况，大多数人无法了解_

↓

公布信息　_从“兼容并包”到“行胜于言”，不同大学培养出的校友，身上都带着鲜明独特的烙印_

↓

品牌价值观　_雷克萨斯：兼·融之道_

第五章 零基础，入门段子创作

一、段子写得好是一种什么体验

（一）段子讲得好，粉丝涨得快

宜宾人曾红在摆摊时用搞笑段子面对面“撩妹”，不仅头绳不愁卖，而且他还录制视频发到网上，抖音号“曾红地摊头绳哥”粉丝数从一两千涨到如今超过80万。

头绳哥：你又来了，你好讨厌你晓得不？

女顾客：哪里讨厌了？

头绳哥：讨人喜欢，百看不厌！

女顾客：你那么会说，说些漂亮的话来夸我，我多买点。

头绳哥：你这不是为难我吗？我也是想说漂亮话来夸你。但是我想来想去，就你最漂亮。

（二）段子写得好，做广告也优雅

例如，银教授写段子为自己的公众号打广告。

看完电影回家的路上，遇到一个持刀劫匪，他说："把你最值钱的东西掏出来！"

于是我掏出一张支票写给他。

"这写的是什么？"

"我的微信公众号 yinjiaoshou886。"

又如，银教授写段子为自己的新书《别走，万一好笑呢》打广告。

虚竹不小心中了丁春秋的三笑逍遥散，只要笑三声就会立刻毙命。为了保命，虚竹整天阅读《别走，万一好笑呢》。

（三）段子写得好，机智神回复

例如，知乎上一个提问是"在不经商、不违法的情况下怎样赚到一个亿？"朱一旦的回答是"继承"。

又如，知乎有个提问"你最讨厌抖音里哪个网红"？我的回答是：

我最讨厌的抖音网红有：李子柒、papi酱、朱一旦、美食作家王刚、郭杰瑞、华农兄弟、王蓝莓……讨厌他们既有颜又有才华，还有一大票粉丝，觉得自己弱爆了～～～于是我开始分析他们做抖音的方法，并做出了一系列新媒体课程。

二、段子创作的注意事项

（一）明确目的

写段子的目的是什么？是教育读者吗？是提升读者的欣赏水平吗？是作者自己炫耀技能吗？

好莱坞编剧理查德·沃尔特教授曾说：“剧作家首要的、基本的任务就是为普通人在每天按部就班、不可避免的沉闷生活中提供消遣。”相声表演艺术家郭德纲对那些试图教育人的“严肃相声”说：“先搞笑吧，再不搞笑就太搞笑了。”因此，写段子就一个目的——让读者开心。

（二）相关度强

内容相关度强，指写的段子要与读者经历、兴趣相关。例如，小明对小芳说：“我去买几个橘子，你就站在此地不要走动。”小芳没有被逗笑，是因为小芳不知道“梗”的含义。“买橘子”的“梗”源自朱自清的散文《背影》里面的一段文字，网络上把“买橘子”这个“梗”引申出来，暗指“我是你爸爸”的意思，用来占别人的便宜。

（三）不伤害人

讲笑话有三点值得注意，第一是切忌通过贬低别人来抬高自己，唯一可行的方式就是自嘲，通过自愚娱人，逗人发笑。第二是不能讥笑或挖苦残疾人、被性侵者等弱势群体。第三是不能通过欺骗、戏弄他人获得笑声。例如，在“烽火戏诸侯”的故事中，周幽王达到了博美人一笑的目的，但是却不顾诸侯们的感受，戏弄了诸侯们，最终招致杀身之祸。

周幽王喜爱一个女子——褒姒，她长得很美，却不爱笑。周幽王想：褒姒这么美的女人不愿意笑，那多可惜啊！于是周幽王派人贴出告示：谁能让褒姒笑，就可以得到千两金子。许多人都来试试，可没有一个人成功。忽然有一天，大臣虢石父想出了一个主意，周幽王听后觉得不错，于是就派人在烽火台上点火。各个诸侯都带领人马匆匆来救，结果并没有敌人。褒姒看到这种情况，开心大笑。于是，周幽王赏给虢石父千两金子。诸侯们在被周幽王戏弄后，渐渐不再来，周幽王也最终在无兵来救的情况下被犬戎杀死。

三、让人发笑的原理

（一）歧义误解

美国语言哲学家保尔·格赖斯于1967年在哈佛大学讲座时提出了他的会话含义理论。他指出，人与人的言语交际过程并不是由一些互不关联的话语组成的，而是受一定条件制约的。谈话双方为了保证会话的顺利进行，务必共同遵守一定的原则，这样才能达到相互了解、相互配合，使谈话目标得以实现，保尔·格赖斯将之称为“合作原则”。“合作原则”包含的准则如下表所示。

质的准则	努力使你说的话是真实的。不要说自知是虚假的话，不要说缺乏足够证据的话
量的准则	所说的话应包含交谈目的所需要的信息，所说的话不应包含超出需要的信息
关系准则	要有关联，即话语要切题
方式准则	要清楚明白、简明扼要、井井有条，避免晦涩，避免歧义

而写段子的诀窍，则需打破“合作原则”，通过传达不全信息、谐音信息、双关信息或多音信息，产生歧义、造成误解。

（1）**不全信息**。由于信息输出者只提供了全部信息的一部分，造成信息接收者一知半解，难免会造成理解偏差。

例如“衣锦夜行的燕公子”下面的段子，男方话只说了一半，造成了女方的理解偏差。

男：等下接你吃饭。

我：病了没胃口。

男：给你买了包。

我：好了，神采奕奕。

男：给你买了包话梅开开胃。

我：已死。

又如以下段子，小偷只透露了部分信息，导致了医生的误解。

医院里，两警察扶着一个满脸是血的男人看医生，医生问怎么了？男人说打架。医生说：“你看你好好的干吗打架，对方也受伤了吧？”男人说：“没有，对方人多”。医生说：“那你也很勇敢啊！”男人说：“没有没有，就是不服气他们人多”。这时旁边的警察说：“你少说两句行不行，偷东西被抓着，被打成这样还有脸说？”

（2）**谐音信息**。在生活中，你有过这样的经历吗：明明听清了每一个字，却理解成完全不同的意思。这就是谐音的奇妙魅力。

谐音指字词的音相同或相近。例如“企鹅乡乡长”写的段子中，“就金山”与“旧金山”谐音。

许仙问大哥：“我出家去灵隐寺还是金山寺呢？”大哥回答：“灵隐太近，既然出家还是远一些好，不如就金山吧。”第二天，许仙去了美国。

（3）**双关信息**。所谓双关，就是借助语音、语义的相谐、相关，让字面表达一个意思，而内在又表达另一个意思，言在此而意在彼。这是汉语特有的修辞手法，利用汉语音同、音近或词语多义的特点，使语句产生明暗双重意义，暗含的意思往往是作者真正要表达的意思。

举例如下：

疫情期间，中国电信广告：不移动，少联通。

（4）**多音信息**。多音指一个字有两个或两个以上的读音，不同的读音表义不同，用法不同，词性也往往不同。

例如“银教授”写的段子，“乐”分别有“lè”“yuè”两个读音。

给爵士讲了个笑话，他乐了，也许这就是爵士乐。

她喜欢爵士乐，而我相反，我喜欢农家乐。

（二）荒诞+合理

“荒诞+合理”的意思是看似合理，实则荒诞。生活中有很多看似合理却破绽百出的话，都是写段子的好素材。

例如，“银教授”写的段子，穷人的观点看似有理，实则荒诞。

“你这么穷，为什么还生这么多孩子？”

“穷人的孩子早当家，就靠他们了。”

（三）激发优越感

人为什么要笑？简单来说，就是我看到别人倒霉，我就想笑。陈佩斯用30年的喜剧经验，总结出一套理论：“喜剧创作的核心，是悲情内核，它是统摄所有喜剧、所有人类笑行为的关键。换言之，正因为有悲情的因素存在，有差势（优劣、高低、贵贱）的存在，人们才有机会产生‘笑’这一行为。更通俗点儿说，喜剧是用‘我’的低姿态，引起‘你’的优越感。”

四、一个公式，教你轻松写段子

在足球、篮球比赛中有着各种各样的战术，其中比较常用的一类战术是假动作过人。假动作过人一般是先佯装向相反的方向运球，在防守人做出误判、失去重心后，迅速从另一方向突破并摆脱防守人，如下图所示。

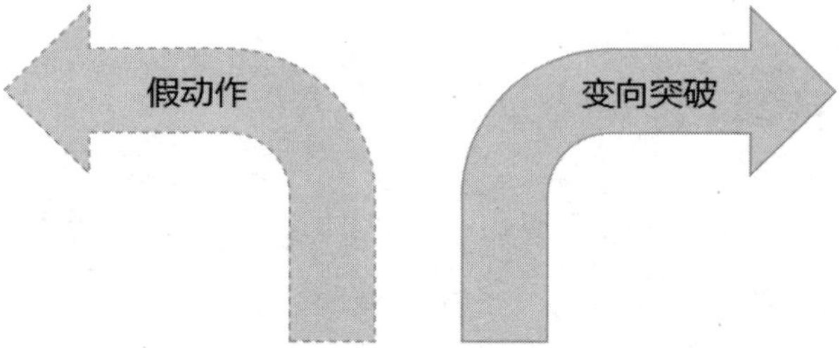

写段子也有一个公式，其原理和假动作殊途同归：

铺垫+抖包袱=段子写作公式

段子由两部分组成：前半句的文字铺垫属于“假动作”，其目的是让读者落入作者的圈套；后半句的抖包袱属于“变向突破”，让读者在恍然大悟后发笑，如下图所示。

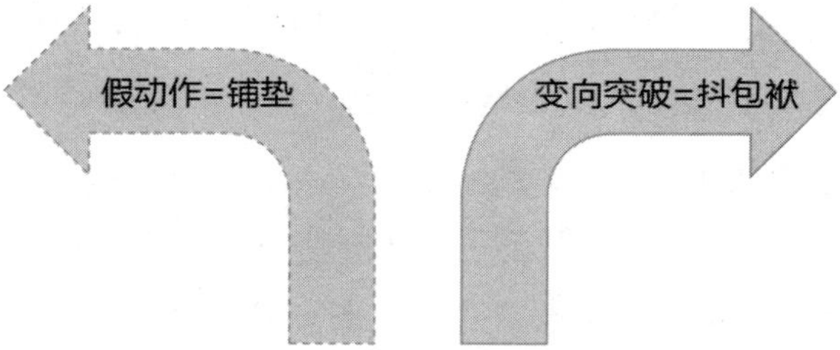

我们来看案例分析：

> 做抖音这件事不能急，要熬得住，刚开始亏一点钱很正常，时间久了自然就倒闭了。

这个段子的作者是“万能的大雄”。前半句的铺垫制造“假动作”，让人误认为后半句传递的信息是“慢慢就会成功”，结果后半句的意思完全相反。

“我在拍吻戏时也有心动过。”——摄像大哥说。

这个段子的作者是“小罗和他自己”。前半句的铺垫制造“假动作”，让人误认为说话的人是“吻戏的男主角”。

五、六个模板，轻松塑造喜剧人物

无论电影中的喜剧人物，还是短视频中的搞笑网红，看多了你就会发现，其人设都是有固定套路的。为此，我总结了六个角色模板，方便你直接套用。

（一）逻辑鬼才

“逻辑鬼才”是网络流行词，用于形容逻辑非常清奇的人。一些人做出的行为举止非常奇怪，但逻辑上却神奇地遵守了一定的规则，导致对方一时间无法反驳。

	朱一旦的枯燥生活
逻辑鬼才	朱一旦

例如，在“朱一旦的枯燥生活”的作品中，朱一旦随意辞退了一位十佳员工，闪电失业的员工万万没想到这只是老板一个无聊的游戏。

我看了看我的劳力士，不是为了看时间，而是想不经意间，让你知道，我是个土豪。

无聊的周一，翻开我名下的杂志，随便指了一名十佳员工，吩咐人事经理把他辞退。

他当时的表情，从懵圈，到怀疑，到惊讶，又到哀求，最后到歇斯底里，特别好玩。

他走了，开始了一段新的人生。再次见到他时，他已经成功转型为一名快递小哥，身体结实了很多。

也许他一辈子也不会知道，自己的人生就是被我这么随意改写的。

想到这里，我充实而欣慰。

哎，有钱人的快乐，往往就是这么朴实无华且枯燥。

——（《朱一旦的枯燥生活》第一集剧本）

（二）倒霉蛋

“倒霉蛋”这类角色是现实生活中普通得不能再普通的小人物，他们经常遭受失败和挫折，他们的窘迫让观众看到后幸灾乐祸。

1. 倒霉蛋角色

	朱一旦的枯燥生活	华农兄弟
倒霉蛋角色	被开除的十佳员工	兄弟家

例如，在《朱一旦的枯燥生活》的第一集中，朱一旦集团的十佳员工马小浩，刚出场就被老板随意开除，闪电失业的他沦落为快递小哥。而在之后的剧集中，“倒霉蛋”马小浩又因各种奇葩理由多次遭开除，

同样的梗，观众看一次笑一次。

又如，在“华农兄弟”的作品中，华农兄弟对于兄弟家的利用率很高：兄弟家的菜和竹笋太多了，华农兄弟只好多去摘一点回家；兄弟家的鱼塘里鱼太多了，华农兄弟只好捞一点鱼回家；兄弟家的果树或茶树熟了，华农兄弟只好摘走自己吃了。网友调侃华农兄弟是“村霸”，而兄弟家成了“倒霉蛋”。

2. 倒霉蛋群体

例如，倒霉蛋群体之一是明知道对方不喜欢自己，还一再地毫无尊严和底线地“用热脸去贴冷屁股”的人。

××日记 3月17日 晴

今天我还是照常给你发消息，汇报日常工作，你终于回了我四个字：“嗯嗯，好的。”你开始愿意敷衍我了，我太感动了，受宠若惊。我愿意天天给你发消息，就算你天天骂我，我也不觉得烦。

××日记 3月18日 阴

你昨天晚上又没回我的消息，在我孜孜不倦地骚扰下，你终于舍得回我了。你说“滚”，这其中一定有什么含义。我想了很久，滚是三点水，这代表你对我的思念也如滚滚流水一样汹涌，我感动得哭了，不知道你现在在干吗，我很想你。

××日记 3月19日 雨

你说你想买口红，今天我去叔叔的口罩厂做了一天的打包。拿到了两百块钱，加上我这几天省下的钱，刚好能给你买一根小金条。没有给我自己剩下一分钱，但你不用担心，因为厂里包吃包住。对了，打包的时候，满脑子都是你，想着你哪天突然就接受我的橄榄枝了呢。而且今天我很棒呢，主管表扬我很能干，其实也有你的功劳啦，是你给了我无穷的力量。今天我比昨天多想你一点，比明天少想你一点。

××日记　3月20日　阴

听说你想要一套化妆品，我算了算，明天我去公司里面扫一天厕所，就可以拿到两百块钱，再加上我上个月攒下来的零花钱，刚好给你买一套迪奥。

3. 倒霉蛋标签

作为职业段子手，“银教授”故意给自己贴上“段子不好笑”的标签，通过卖惨，反而取得不错的“笑果”。例如：

为了活跃气氛，我每晚在饭桌上都会讲段子，但从来没人笑。我以为是因为我的段子不好笑，后来才知道，是因为我每天都一个人吃饭。

惊险，太惊险。刚才写了一个段子点击发送，发送到一半，觉得实在不好笑，我就赶紧点击了飞行模式，幸亏没发出去。太险了，到现在还心有余悸。

给休闲璐讲了一个段子，她面无表情地说：“这也叫段子？”我：“这不叫段子，难道叫外卖？”

休闲璐：“哈哈哈，太好了！我要吃麻辣烫！叫花鸡！狮子头！盐水鹅！”

原来，逗笑女人只要花钱就行了。

发了个“早上好”，评论转发数比段子多。还有必要继续创作段子吗？

（三）笨蛋

“笨蛋”这类角色特征鲜明，往往四肢发达却头脑简单，既蠢又萌，其言行激发了观众的优越心理而令人发笑。

1. 笨蛋角色

	四平警事	朱一旦的枯燥生活
笨蛋角色	笨贼	暴发户

例如，“四平警事”普法系列短视频里，张浩和吴尔渥扮演了一对“智商不在线”的笨贼：冒充公安局的“张局长”和“吴政委”，肩章戴错、警号戴反；在他们的认知里，三亚可以下暴雪，身份证能够证明身高；“交警”可以用空调遥控器做酒精测试，检测出疲劳驾驶。

又如，“朱一旦的枯燥生活”作品中塑造的暴发户角色，从搬砖工变成了“拆二代”后，试图融入上流圈子，却因文化不高、品味太低被朱一旦耻笑。

2. 笨蛋标签

“衣锦夜行的燕公子”为了拉近与粉丝的距离，给自己贴上“笨蛋”标签。

我说廊坊是山东的，我女朋友说是河北的。我说不可能，山东的。女友说：赌10块钱。我说，赌10万块钱。她被我的气势吓住了，说算了，不赌了。过了一会儿，她实在憋不住用百度一查真是河北的，气得捶地。我和小熊说我给他省了10万块钱，小熊一听，冷冷地说，山东那是潍坊！哈哈哈哈！

关于美术天分这件事，我想我是完全没有的。记得小学交美术课的作业，我的画丑得老师不忍拿出来骂我，因为她实在看不懂是什么。后来期末考试，涉及要评“三好学生”，她让我退回重画，我做完家庭作业一边哭一边画，还是丑得要死。我爸看不下去了，通宵帮我画了一幅，也没有及格。

（四）外星人

“外星人”指活在自己世界中的人，这类角色非常自我，在他人眼中极端地古怪，其言行让观众因匪夷所思而发笑。

1. 外星人角色

	四平警事	朱一旦的枯燥生活
外星人	疯言疯语的犯罪嫌疑人	大侄子

例如，“四平警事”普法系列短视频里，编剧用文言文来表现犯罪

嫌疑人“活在自己的世界里”。在犯罪嫌疑人的世界里，酒驾不叫酒驾，而是“小酒一喝，驾上摩托，如马踏飞燕，跃山川河流，如履平地”，甚至会用“自古圣贤皆寂寞，唯有饮者留其名”来合理化自己的行为；犯罪嫌疑人伪装成算命先生，也是世事看透，所谓“人生在世，无外乎几杵梳钟，半江渔火，两行秋雁”。

又如，“朱一旦的枯燥生活”作品中的大侄子，作为老板的亲戚，每天在公司“喝着大枣枸杞，听着退休戏曲，拿着两千工资，打着养生太极”。

2. 外星人群体

例如，熊孩子这类群体，在成年人眼中，就属于“活在自己世界里的人”。以“衣锦夜行的燕公子”的段子为例。

我家外甥已经成功长成一个熊孩子。近来打多了游戏，感觉自己是个僵尸，到处咬沙发、咬墙壁、咬凳子，还咬哭了好几个小朋友。他爹妈已经在认真考虑是不是卖掉一套房去搞个养鸡场。以后提着鸡蛋去人家里道歉的日子还长着呢。吃晚饭时，他咬了我，被我奋勇地咬回去，把他咬哭了，他现在很信任我，觉得小姨也是僵尸。

旁边的妈妈在给熊孩子讲“程门立雪”的故事。妈妈讲道：“他们看见老师在忙，就在门口静静等待，身上落满了积雪。”熊孩子插嘴道：“鸡血？老师忙着在杀鸡吗？是老师泼他们身上的吗？”——教育孩子真的很不容易！

从厕所出来，洗手，旁边一个小孩在玩烘手机。我洗完也去烘，小孩很不满意我打扰他："你干吗不用那边那个。"我给他个白眼："我就喜欢用这个，怎么样！你管我哦！"小孩瞪我："幼稚！"然后气呼呼地走了。第一次战胜熊孩子！

（五）戏精

"戏精"有两层意思，一层意思是形容心口不一的人，另一层意思是形容很有表现欲的人。

1. 心口不一

心口不一，意思是心里想的和嘴上说的不一样。例如"衣锦夜行的燕公子"的段子。

我买了爆米花吃，就是海底捞等位当零食吃的那种。觉得蛮好吃的，就顺手买了三包快递给我爸。我妈刚跟我说，我爸接到快递气哼哼地说，买这种东西给我干吗啦。我又不吃零食，骗小孩子的玩意儿，明天拿给我同事外孙去。然后，一晚上就着电视剧已经吃完了两包。#男人六十岁也是幼稚鬼#

我们的行李箱都已经爆了，为了腾地方我勇猛地穿了两件T恤、三条内裤、两双袜子在身上，闺蜜默默地套上了她的皮夹克。我们就这样汗流浃背地踏上去罗马的路，并且互相发誓：绝对不再买了！

我妈可能是个段子手。刚问她："去旅游给您带点什么礼物啊？"她说："不用了，别乱花钱。看见啥便宜的有特色的……"我接口："就给您买点？"她说："千万别买，肯定是骗子。贵的又不知道为啥那么贵的，给妈买点回来，妈好好研究一下。"

2. 强行加戏

强行加戏指"喜欢表现自己，希望得到关注"或者"小题大做，大惊小怪"的人。例如"衣锦夜行的燕公子"的段子。

东京街头真的有好多帅哥，我和我妹坐在新宿街头喝咖啡，看着人来人往，大概恋爱、失恋、爱上新的这个过程循环了800多次吧。

第二次遇见火车停运，合肥真的是不想让我走啊。（也可能是前夫挽留我，一个猜想，不一定对。）

健身一定要给自己找乐趣。我发现跑步机上那个抓着测心跳的把手特别像麦克风。一边跑一边像开了次个唱，好累。尤其是手机里再下一点掌声音效。我都快被自己感动哭了：孤独站在这舞台，听到掌声响起来。我的心中有无限感慨，多少青春不再，多少情怀已更改，我还拥有你的爱。

打车，跟司机说："跟着前面那辆车。"师傅："好嘞，你们是执行任务吗？我们不能贴得太近，要不然会被发现；太远的话，红灯时我们就会被甩掉。"我："师傅，冷静一点，前面那辆坐不下了，我们只是一起去按脚。"

（六）身份违背者

当人物的行为与其身份产生反差时，笑点就出来了。例如王警官系列笑话。

经过一整晚的审讯，经验丰富的王警官收获颇丰，终于从犯罪嫌疑人郝某的口中得知，他有三颗蛀牙和一处口腔溃疡。

王警官来到犯罪嫌疑人家中的时候，已经是人去楼空。但经验丰富的他没有立即出去追赶，而是走到床边，摸了摸被子，发现被子还是热的。这才会心一笑，放心地钻进被窝，愉快地睡了起来。

又如，乞丐给人的普遍印象是贫穷、懒惰，但是"银教授"却塑造了一个"不差钱"的乞丐。

深圳街头遇到一个乞丐，我给了他一块钱，顺便问了句："为什么不回老家过年呢？"他说："把家里人都接过来了，因为去年买了套大房子。"

除夕之夜，看到一个乞丐坐在路边，他面前放着一张白纸，上面写着一行字："求好心人对我说一句新年快乐。"

街头看到一个乞丐，竟然在用iPhone X，我问："你用得起这个，为什么还要乞讨？"乞丐说："给我两块钱，我告诉你。"我掏出两块钱给他。他说："已经有5000个人付费问我这个问题了，这就是付费问答的魅力。"

街头看到一个乞丐，我问他："你有手有脚的，为什么要当乞丐？"他说："因为我想当一个有手有脚的乞丐。"

"银教授"是怎样想到塑造乞丐这个创意的？"银教授"解释说："有一次我出门逛街，看到路边有个乞丐，本来这是很平常的一件事，但是我发现这个乞丐有点胖，这就奇怪了。传统的乞丐不应该是瘦骨嶙峋的吗？为什么这个乞丐有点胖呢？我想了一下，觉得是因为这个乞丐没有钱去健身房。这个东西未必有多好笑，但却是一个比较独特的点。"

第六章
零基础，入门文案策划

一、零基础，如何系统高效地学好文案写作

单选题

学习新媒体文案，你认为系统并有效的学习方法是＿＿＿＿＿＿？

A. 多读多写

B. 针对写作技能进行培训，例如标题技巧、软文技巧等

C. 围绕与“人”有关的知识点培训，例如用户购买行为、消费心理

答案：无一正确！

分析：

【选项A的弊端】

怎样才能学好文案？大多数教科书和老师的回答是“多读多写”——其实该回答是一句正确的废话。究竟该读哪些书？到底要花多长时间才见成效？茫然。

【选项B和选项C的弊端】

提高文案写作需进行综合素质训练，既需要学标题写作、软文写作这样的“招式”，又需要练逻辑力、思维力、洞察力这样的“内功”。“招式”和“内功”的关系如下。

（1）“内功”越深厚，“招式”的威力越强。例如同样是运用“设问式”技巧写微信标题，普通文案写的标题是“如何看懂一场艺术展览？”，而顾爷写的标题是“不懂艺术的人去艺术展，应该做什么？”。顾爷的“内功”更深厚，精准锁定目标人群，自然文章阅读量更高。

（2）“内功”再厉害，不会“招式”也不行。不少文笔过硬的媒体人开公众号后，文章打开率、阅读量低。有人却对新媒体写作做了专项研究，总结出写一篇微信文章的公式是：50个选题、四级采访、5小时互动式写作、拿100个标题到5 000人微信群投票，发布后写10 000字的分析报告。

那么问题来了，到底如何才能系统、高效地掌握文案方法呢？

对此，我总结了文案研习的“四项修炼”，即文案工作者需从行业、思维、工具、技能四个维度进行提升，如此才能既掌握好“招式”，又修炼好“内功”。

（一）行业

打开招聘网站，输入“文案”一词，你会发现有地产行业的文案，有美食行业的文案，有时尚行业的文案等。不同行业的文案，需要相匹配的行业经验。例如，黎贝卡工作室招聘文案，任职要求是“关注时尚行业动态，熟知圈内大事小事、大小人物”。

一名文案写作者，需要认准一个行业，并在该行业中逐步成长起来。

（1）**从外行到入行**。很多时候，面试官或者领导评判一名文案不合格，不是说他文笔不够好，而是认为他对行业一无所知。因此文案新人在投递简历前或接手新工作时，应首先熟悉行业。例如，从事房地产行业的文案新人，你的当务之急不是立即开始写文章，而是通过实地踩盘、请教置业顾问等方式快速了解行业。

（2）**从入行到内行**。随着对行业的洞察和思考，写作者的“内功”才有机会显著提升。你在哪个领域有深厚的积累？你对哪个问题有深入的思考？你对哪种现象有深刻的研究？其实文章写的就是见识、阅历和积累。

（二）思维

一个文案写作者的成长，思维方式要历经三次转变：从学生思维到职场思维、从低薪思维到高薪思维、从定式思维到思辨思维。

（1）从学生思维到职场思维。

学生思维	职场思维
“毕业了就不用学习了”	坚持学习，投资自己
找工作不好意思谈待遇	大大方方谈待遇
“我有一个很棒的点子”	“我会把点子实现”
“我工作经验为零”	“我如何才能获得工作经验”
“公司太糟了，我要跳槽”	“公司请我来解决问题的”

（2）从低薪思维到高薪思维。

低薪思维	高薪思维
能力取决于工作经验	能力取决于“刻意练习”的时间
现在做公众号太晚了	什么时候开始都不晚
写作靠天赋和创意	写作是有方法论的
读书越多越没用	读书是最成功的投资
哪个行业前景最好，哪个岗位赚钱最多	你真心热爱你所做的事，你的工作本身就是报酬

（3）从定式思维到思辨思维。

定式思维	思辨思维
“广告设计最重要的是创意”	“广告的目的是改变用户的行为，而不是发挥广告人的创意能力。” ——“李叫兽”
“把工作变成兴趣，会是一件无趣的事”	“把自己的兴趣当成工作是件很幸福的事。” ——黎贝卡的异想世界
“穷养儿，富养女，指对待男孩要严格，少花钱；女孩要给买好的东西、多给花钱”	“但其实，穷养男孩更重要的意义在于对孩子意志、品质、心态的磨砺；女孩富养，从小培养她的气质，开阔她的视野，增强她的见识。” ——人民日报

（三）工具

广告公司有三个怪现象：其一，文案想不出创意，上级给的建议往往是“去咖啡厅换换脑子”；其二，把一堆人关在一间会议室想创意，美其名曰“头脑风暴”；其三，创意不够加班来凑。

其实，要解决上述难题，行之有效的方法是提前准备“工具”。什么是“工具”？例如我们上学时看书识字，《新华字典》就是工具。大学考英语四级，“万能作文模板”也是工具。

同理，快速高质量完成文案工作也需要工具。在本书中，我为文案从业者提供了文案工具，例如对于写标题，本书总结了“标题公式”；对于写软文，本书总结了写软文的模板，你只需要套用模板照着写即可。

（四）技能

学习新媒体文案，为什么尤其需要对“标题”“段子”“软文”进行专项练习？

（1）**标题的作用：吸睛**。微信文章、宝贝详情页、新闻、报告、简历……掌握好标题技巧，才能够让你在“注意力争夺战”中胜出，让你的观点和才华不被埋没。

（2）**软文的作用：吸金**。“顾爷”公众号主理人顾孟说过：“对我们这些所谓的自媒体来说，最快的变现方式其实就是打广告。”掌握好软文技巧，能够帮助你运营的自媒体快速变现，能够助推你的产品打开销路。

（3）**段子的作用：吸粉**。银教授、衣锦夜行的燕公子、杜蕾斯、王左中右、顾爷……读者能从以上自媒体得到快乐，于是选择订阅。学会段子技巧，不仅能够让你提升个人魅力，而且有机会让你运营的自媒体粉丝百万。

二、刚入职，文案新人如何快速上手工作

应届毕业生小明刚入职，主管交办的任务是，给房产项目写一篇微信软文。小明憋了两小时，写出的文章是《新时代的住房标准》。主管看后，回复小明："这不是我要的。"

之后数天，小明陷入了"重写→提交→重写"的死循环……小明开始担心会被炒掉，为此晚上失眠。

那么问题来了，刚入职的新人，如何快速上手领导交办的任务呢？

为此，我总结了以下四个步骤，新人照着做，即可又快又好地搞定工作。

（一）搞懂需求

假如你是中餐厅的一名厨师，顾客点了回锅肉，而你做成了盐煎肉，顾客当然不会买账。

写文案也是如此，要避免被领导指责"这不是我要的"，你需要在动笔之前先搞懂需求。例如接到写房产软文这项任务后，其一，你要明确写作目的是促进商品房的销量；其二，你要搞清楚什么是软文，以及软文怎么写。

此外，建议你找出公司过往的文章，或者同行的文章作为参考，以免不了解行业的你，写出的文章不靠谱。

（二）搜集资料

做菜需要备好食材和调料，写文章也需要准备资料。例如写房产软文，你需要搜集以下资料。

（1）**产品信息**。你需要知晓该房产项目的独特卖点，例如地段、价格、配套。

（2）**用户画像**。你需要知晓该房产项目用户群体的特征，例如年龄、经济状况、价值观。

（三）文章写作

1. 先写大纲

先写大纲能确保你的文章思路清晰。写软文，可依照金字塔原理列出大纲："情境→冲突→疑问→回答"。例如写房产软文，大纲可以这样写：

外地人想买房（情境）→主城区房价太高、首付不够（冲突）→焦虑寻找突破（疑问）→选择郊区房、引出产品（回答）。

2. 再写正文

按照大纲写正文，你需要注意以下两点。

（1）**重点突出**。写文章时，要紧紧围绕主题，提炼出鲜明的观点，避免加一些无关信息给读者造成干扰。

（2）**诉求简单**。在写软文时，需注意广告诉求要简单，即使产品有多个卖点，但是重点突出一个即可。

3. 最后起标题

以房产软文为例，我们先来看两组不合格的标题。

“这样的未来是你最想要的吗？”

存在问题：写之前没有想清楚文章是给谁看的，标题中的“你”没有指明用户群体是谁。

“新时代的住房标准”

存在问题：该话题对用户群体构不成吸引力。

那么问题来了，如何写出合格的标题？有以下两个套路。

套路1：典型代表人物+悬念

“白领表弟准备回老家建房子，竟然是因为……”

套路2：典型代表人物+利益

“毕业买房不靠父母，抓住这次机会胜过奋斗十年！”

（四）复盘总结

复盘是围棋中的一种学习方法，指的是在下完一盘棋之后，要重新摆一遍，看看哪里下得好、哪里下得不好，对下得好和不好的，都要进行分析和推演。

文章发布1～2天后，建议你结合文章阅读量和电话量，对文章进行复盘总结，并针对选题、标题等薄弱环节进行强化练习。

三、介绍语、广告语、品牌语的区别与创作技巧

“Just do it”，是Nike的广告语还是品牌语？

“吃完喝完嚼益达”“益达无糖口香糖”“关爱牙齿更关心你”，究竟哪一句是益达的广告语？

很多人，包括一些业内人士，都会把介绍语、广告语、品牌语混淆。

（一）介绍语

1. 什么是介绍语

介绍语指向消费者介绍产品品类、差异特征的一句话。

2. 介绍语的使用阶段

产品导入期，消费者对于品牌和产品一无所知时。

3. 介绍语创作公式

（1）介绍语=是什么。

例如，作为竞争对手，娃哈哈、农夫山泉、恒大冰泉的“自我介绍”突出了品类和差异。

娃哈哈：纯净水。

农夫山泉：饮用天然水。

恒大冰泉：长白山天然矿泉水。

又如，up主的自我介绍突出了性别和差异。

李子柒：李家有女，人称子柒。

papi酱：一个集美貌与才华于一身的女子。

田吉顺：妇产科男医生。

（2）介绍语=不是什么。

例如，可口可乐与百事可乐是饮料市场的领导品牌，七喜汽水夹缝里如何求生存?七喜为自己的汽水精心设计了简短的介绍语："七喜——非可乐"。不仅避免了与两巨头的正面竞争，还巧妙地与两品牌挂钩，使自身处于和它们并列的地位，成功的类别定位使七喜在美国龙争虎斗的饮料市场上占据了老三的位置。

又如，郭德纲总是喜欢给自己用一个称号，那就是"非著名相声演员"。其实，这是郭德纲对自己的一种自嘲，并表明自己并不是体制内的主流相声演员，自己与当下的其他著名相声演员相比是与众不同的。

（二）广告语

1. 什么是广告语

广告语，英文名Slogan，指一波广告Campaign的口号。英语单词Slogan来自苏格兰的盖尔语Sluagh Ghairm，本意是"战斗呐喊"

（battle cry）。古代凯尔特人在开始战斗前，往往会集体大声呐喊以振奋士气，通常是呐喊所在部落的名称或部落首领的名称。

例如，“Just do it”属于Nike的品牌语，长期使用。但是针对一个阶段性的目标，例如男篮世界杯，推出了“出手即证明”的广告语，如下图所示。

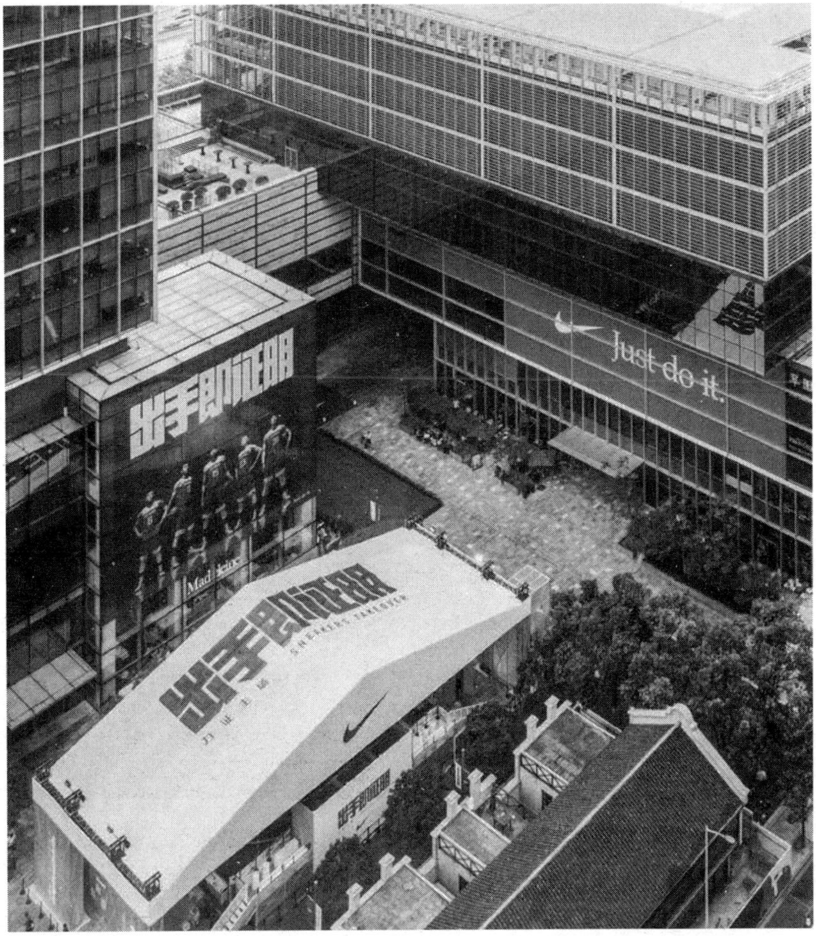

2. 广告语的特征

（1）**合规**。《中华人民共和国广告法》（简称《广告法》）已由中华人民共和国第十二届全国人民代表大会常务委员会第十四次会议于2015年4月24日修订通过，自2015年9月1日起施行。根据《广告法》，极限用语不得出现在商品列表页、商品的标题、副标题、主图、详情页，以及商品包装等位置。使用极限词语的违规商家，将受到20万元以上、100万元以下罚款。

极限用语的具体内容如下，包括但不限于以下词汇。

◎ 与“最”有关的极限用语：最、最佳、最具、最爱、最赚、最优、最优秀、最好、最大、最大程度、最高、最高级、最高端、最奢侈、最低、最低级、最低价、最底、最便宜、史上最低价、最流行、最受欢迎、最时尚、最聚拢、最符合、最舒适、最先、最先进、最先进科学、最先进加工工艺、最先享受、最后、最后一波、最新、最新技术、最新科学，等等。

总结：反正不要带“最”就是了！

◎ 与“一”有关的极限用语：中国第一、全网第一、销量第一、排名第一、唯一、第一品牌、NO.1、TOP.1、独一无二、全国第一、一流、一天、仅此一次、最后一波、全国X大品牌之一、一流，等等。

◎ 与“级/极”有关的极限用语：极致、顶级、终极、极品、顶级享受、国家级产品、全球级、宇宙级、极佳（绝佳/绝对）、顶级（顶尖/尖端），等等。

◎ 与“首/家/国”有关的极限用语：首个、首选、独家、独家配方、首发、全网首发、全国首发、首家、全网首家、全国首家、XX网独家、XX网首发、首次、首款、全国销量冠军、国家级产品、国家（国家免检）、国家领导人推荐、填补国内空白、中国驰名（驰名商标）、国际品质，等等。

◎ 与“品牌”有关：大牌、金牌、名牌、王牌、领袖品牌、世界领先、（遥遥）领先、领导者、缔造者、创新品牌、领先上市、巨星、著名、掌门人、至尊、巅峰、奢侈、优秀、资深、领袖、之王、王者、冠军，等等。

◎ 与“虚假”有关：史无前例、前无古人、永久、万能、祖传、特效、无敌、纯天然、100%、高档、正品、真皮、超赚、精确，等等。

◎ 与“权威”有关：老字号、中国驰名商标、特供、专供、专家推荐、质量免检、无需国家质量检测、免抽检、国家XX领导人推荐、国家XX关机推荐、使用人民币图样，等等。

◎ 与“欺诈”有关：点击领奖、恭喜获奖、全民免单、点击有惊喜、点击获取、点击转身、点击试穿、点击翻转、领取奖品、秒杀、抢爆、再不抢就没了、不会再便宜了、错过就没有机会了、万人疯抢、全民疯抢、卖疯了，等等。

◎ 与“时间”有关：随时结束、随时涨价、马上降价、仅此一次、最后一波。限时必须有具体时间。

（2）**口语**。广告语，非书面语言，属于口头语言。最好的广告语，取之于人们的日常生活语言。所谓“真佛只说家常话”，请抛弃技巧，慎用修辞，但求简白。

例如，在20世纪80年代初，两大速溶咖啡品牌——麦斯威尔和雀巢共同进入中国市场。当时，两家都做了市场调查。麦氏咖啡通过调查得知，茶文化在中国传统文化中占很重要的位置，普通中国人最喜欢的饮品还是各类茶，茶的价格有多档，适合不同需求的百姓日常消费；咖啡味道微苦，中国人并不是都很喜爱；作为天天饮用的话，价格偏贵，属于高端饮品；懂得咖啡的人主要是一些理解西方文化的知识分子。鉴于此，麦氏的广告语非常文雅：“滴滴香浓，意犹未尽。”

雀巢咖啡通过调查发现，20世纪80年代初的上海市，女大学生最喜欢嫁的人是出租车司机。（那时候出租车司机的工资是当时上海其他行业平均工资的十几倍！）并且他们还注意到：喝完雀巢咖啡的人都会把雀巢咖啡的罐子带到办公室当茶杯用，让人感受到“我买得起雀巢咖啡”。经过斟酌，雀巢的广告语非常简单：“味道好极了！”

进入市场后，雀巢的广告一时成为人们的口头语，雀巢迅速成为中国人最早熟知的咖啡品牌，销量大增；而麦氏的广告播了很久后，知道的人并不多。

（3）**迭代**。企业根据市场变化的需要，会更换Slogan。

例如，饿了么外卖平台早期进入市场：导入期广告是“饿了别叫妈，叫饿了么”，魔性的广告语，迅速打开了市场。目前，饿了么提出了新的品牌语“饿了就要”。很多人吐槽，觉得这句广告语“饿了就要”，没有之前的广告语实在。的确如此，但饿了么已经过了品牌的初期阶段，不需要再告知大众，它们是一家做外卖的平台了。接下来，更多的是品牌建设，“饿了就要”这句广告语，倡导大众正视自己的欲望，不将就，积极面对生活。

又如，红牛进入中国市场：导入期广告是“汽车要加油，我要喝红牛”，利用对方已有的认知基模“汽车加油”，来解释未知事物“红牛”，告知消费者这是一款补充能量的功能性饮料。产品进入成熟期时，2011年推出了“渴了，喝红牛；困了累了，更要喝红牛！”，强调红牛带给消费者的利益及使用场景。产品进入成熟期后，于2013年将广告改为“你的能量，超乎你想象”，表达企业品牌理念，一直沿用至今。

3. 广告语创作公式

什么是产品？能解决用户冲突的商品就是产品。我用一个公式来让你秒懂：

冲突+产品=化解冲突

写此类广告语，关键是找到消费者的冲突（渴望+障碍）。找到冲突后，再提供解决方案（产品）。

◎ 洞察到消费者面临的冲突“想吃火锅又怕上火”，王老吉推出广告语：“怕上火，喝王老吉。”

◎ 洞察到消费者面临的冲突“疲劳了但不能休息”，红牛推出广告语：“困了累了，喝红牛。”

◎ 洞察到消费者面临的冲突“没到饭点但饿了”，香飘飘推出广告语：“小饿小困，喝香飘飘。”

“渴望+障碍”中的“渴望”也指“渴望幸福”“渴望好运”。

例如，人头马的品牌语创作有这样一个故事：文案作者绞尽脑汁，前后写了近百条品牌语给创意总监，却都被否决（文案作者当时的内心一定是崩溃的）。在临近提案的前一天晚上，他又写了10条，文案总监从中惊喜地发现了这条：“人头马一开，好事自然来。”最终此广告语也获得了客户的认可，并成为广告行业的经典案例之一。

又如，受2008 年经济危机影响，软饮料销量下滑。2008年的前9个月，可口可乐在美国市场的销量下滑了3.5%。此外，当时瓶装茶、高端水等新兴饮料已经兴起，可口可乐的销量下滑持续了一年。对可口可乐来说，换标语是寻求突破、拯救业绩的惯用做法。可口可乐希望用“Open Happiness”引起消费者“对舒适、乐观的憧憬”。新的营销战役也确实为可口可乐带来了显著的销量增长。

（三）品牌语

1. 什么是品牌语

品牌语，英文名Tagline，指品牌主张，或品牌理念，用以辅助品牌Logo加强品牌的沟通力，通过语言的描述来帮助品牌区别于竞争对手，同时向消费者传达品牌的价值。

2. 品牌语的使用阶段

产品进入成熟期，消费者对于产品耳熟能详后，广告语由实而虚，着重表达自己的生活信仰。如果消费者和你的认同一致，那么他们就会接受甚至跟随你的产品。

很多企业为了丰富营销活动，会经常更换Slogan，还会同时存在多个版本的Slogan。但Tagline却只能是一个，并且需要保持不变或者在很长的一段时间内不会变化。

3. 品牌语创作公式

图书《品牌的本质》作者马克·贝特提出：品牌绝非仅仅是一个名称或标志，而是一个公司对消费者的承诺，它传递给消费者的不止是功能性利益，还包括情感、自我表达和社会利益。

马克·贝特用了一个公式来表示：

实际自我+品牌=理想自我

人们会因为拥有某些品牌的汽车、手机而骄傲，因为用什么产品能在一定程度上说明他是什么样的人。

例如，“Think Different”是苹果电脑的品牌语。苹果品牌代表的，是那些跳出固有模式进行思考的人，是那些想用计算机帮助自己改变世界的人。

四、初学文案写作，看哪些书见效快

小师妹：房地产文案入门该看什么书？

大师兄：《一个广告人的自白》。

小师弟：我刚工作不久，想学习落地页文案撰写的技巧，有什么书推荐吗？

大师兄：《一个广告人的自白》。

一周后……

小师弟内心OS：我对于如何经营广告公司、怎样争取客户、怎样维系客户有了初步了解，可是对于房地产知识及文案写作，我还是一窍不通啊。

小师妹内心OS：大卫·奥格威好厉害，创作的广告好棒，可是我写文案还是跟以前一样痛苦。

小师妹和小师弟一起去找大师兄，大师兄思考良久，给小师妹一份“广告人必读书单”，并给小师弟一份“李叫兽推荐书单”。小师弟一看“李叫兽”的大名，觉得这个书单应该靠谱。小师妹却叫苦不迭，“广告人必读书单”里面有100多本书。即使她每周读一本，也要花近两年的时间。

那么问题来了，初学文案，看哪些书才有效？工作后，读书的优先级是什么？不同行业的文案工作者，需要看的书是一样的吗？

对此，我的观点是，一个文案新人该看4种类别的图书，以一个公式来表示：

文案书单=入行书+工具书+建立知识结构的书+闲书

（一）入行书

文案分很多行业，如房地产行业的文案、互联网行业的文案、时尚行业的文案、广告行业的文案等，不同行业所需掌握的行业知识是不同的。入行书的作用能帮助你快速熟悉你所选择的行业。

（二）工具书

刚参加工作的文案新人要想短时间内上手，饱受加班之苦的广告人要想少改稿、早下班，只有工作时准备能提供写作模板和案例的工具书才能得到解救。

（三）建立知识结构的书

知识结构指一个人经过学习后所拥有的知识体系的构成情况与结合方式。文案工作者可通过阅读市场营销、心理学、设计等图书建立起自己的知识结构。

顶尖文案相比普通文案的优势，在于对各种知识的融会贯通的能力。正如李叫兽所说："真正导致人与人之间知识水平差异的，往往并不是知识数量，而是知识之间的联系。而且随着知识的增多，建立联系的收获也会越来越大。”

（四）闲书

闲书指对你当前工作无直接帮助的书。读闲书不带有功利目的，以兴趣为主。根据公式，可根据你的行业形成你的阅读书单。

由于我对房地产行业、新闻行业、广告行业比较了解，以下是我列出的书单，供大家参考。

◎　广告行业文案推荐图书

（1）入行类。

《一个广告人的自白》——（美）大卫·奥格威

《洞人心弦》——（美）菲尔·杜森伯里

《我的广告生涯&科学的广告》——（美）克劳德·霍普金斯

《冲突》——叶茂中

（2）工具类。

《金字塔原理》——（美）巴巴拉·明托

（3）知识结构类。

《市场营销原理》——（美）菲利普·科特勒

《好战略，坏战略》——（美）理查德·鲁梅尔特

《顾客为什么购买》——（美）帕科·昂德希尔

《卓有成效的管理者》——（美）彼得·德鲁克

《高效演讲》——（美）彼得·迈尔斯

《品牌洗脑》——（美）马丁·林斯特龙

《设计中的设计》——（日）原研哉

《写给大家看的设计书》——（美）罗宾·威廉姆斯

（4）闲书。

根据个人情况而定。

◎　房地产行业文案推荐图书

（1）入行书。

《房地产营销19讲》——陈利文

（2）工具书。

《金字塔原理》——（美）巴巴拉·明托

（3）知识结构书。

《市场营销原理》——（美）菲利普·科特勒

《好战略，坏战略》——（美）理查德·鲁梅尔特

《顾客为什么购买》——（美）帕科·昂德希尔

《管理的常识》——陈春花

《品牌洗脑》——（美）马丁·林斯特龙

《设计中的设计》——（日）原研哉

《写给大家看的设计书》——（美）罗宾·威廉姆斯

（4）闲书。

根据个人情况而定。

◎　新闻行业记者编辑推荐图书

（1）入行书。

《全能记者必备》——（美）凯利·莱特尔

《创造性的采访》——（美）肯·梅茨勒

（2）工具书。

《金字塔原理》——（美）巴巴拉·明托

（3）知识结构书。

《市场营销原理》——（美）菲利普·科特勒

《乌合之众》——（法）古斯塔夫·勒庞

《引爆点》——（美）马尔科姆·格拉德威尔

《设计中的设计》——（日）原研哉

《观念的水位》——刘瑜

《激荡三十年》——吴晓波

（4）闲书。

根据个人情况而定。

附录

运营公式一览表

账号运营	N冲突×解决冲突$''$×注意力$''$=账号运营公式	什么是冲突？ 1. 冲突=难以兼得 2. 冲突=渴望+障碍 3. 冲突=矛盾+憋屈	如何解决冲突？ ◎ 高频输出合规化内容 ◎ 高效抢占碎片化时间 ◎ 高速生产标准化产品 ◎ 高度聚焦垂直领域 ◎ 高频生产功能化产品	注意力对象有哪些？ ◎ 目标受众 ◎ 关键人 ◎ 相关机构 ◎ 内容平台 持续赢得注意力的11项技巧： ◎ 感官反应 ◎ 热点效应 ◎ 接近效应 ◎ 榜样效应 ◎ 戏剧冲突效应 ◎ 认知冲突效应 ◎ “哀兵”效应 ◎ 马太效应 ◎ 名人效应 ◎ 权威效应 ◎ 怀旧效应 如何降低注意力成本？ ◎ 人设打造 ◎ 账号取名 ◎ 标题拟定 ◎ 开头设计

续表

社群运营	冲突"×N成员×解决冲突"=社群运营公式	什么是冲突？ 1.冲突=渴望+障碍 2.冲突=目标+惰性 3.冲突=矛盾+憋屈	连接的条件： ◎ 相同 ◎ 相邻 ◎ 相当 ◎ 相反 连接的平台： ◎ 微信群 ◎ QQ群 ◎ 知识星球 ◎ 豆瓣小组 连接的结果： ◎ 惰化效应 ◎ 超限效应 ◎ 破窗效应 ◎ 口碑效应	如何解决冲突？ ◎ 提供一项服务内容 ◎ 设计一种互助模式 ◎ 运用一些心理技巧 ◎ 制定一套行为规范 ◎ 搭建一套组织架构 ◎ 建立一套激励机制
标题写作	合规×N垂直流量÷传播成本=新媒体标题公式	标题含有什么信息会自带流量？ ◎ 实时热点 ◎ 公众人物 ◎ 经典IP	标题含有什么信息引流更精准？ ◎ 社交平台：关联词 ◎ 搜索平台：关键词 ◎ 算法平台：标签词	给人看的标题，如何写才能降低传播成本？ ◎ 减少用户理解成本 ◎ 减少用户决策成本 ◎ 减少用户扩散成本 给机器看的标题，如何写才能降低传播成本？ ◎ 避免用绰号 ◎ 避免网络新词
	点击欲+转发欲 =公众号标题写作公式	创造点击欲常见技巧： ◎ 特别点名 ◎ 引发好奇 ◎ 引起共鸣	创造转发欲常见技巧： ◎ 间接表达 ◎ 提供谈资 ◎ 塑造形象 ◎ 产生优越感 ◎ 树立目标 ◎ 帮助他人	

续表

标题写作	给机器看+给人看=抖音标题写作公式	给机器看： ◎ 打标签 ◎ 加话题	给人看： ◎ 引发好奇感 ◎ 产生共鸣感 ◎ 建立期待感 ◎ 增加参与感	
软文写作	内容载体×植入广告=软文写作公式	哪些内容可以作为载体？ ◎ 新闻评论 ◎ 知识科普 ◎ 干货文章 ◎ 短篇小说 ◎ 日记随感	卖货型软文的写作模板： 锁定用户 ↓ 设置主角 ↓ 呈现冲突 ↓ 推荐产品 ↓ 逼单成交	公关型软文的写作模板： 锁定用户 ↓ 设置主角 ↓ 呈现冲突 ↓ 解决办法（人物价值观） ↓ 品牌价值观
段子创作	铺垫+抖包袱=段子写作公式	让人发笑的原理： ◎ 歧义误解 ◎ 荒诞+合理 ◎ 激发优越感	喜剧人物模板： ◎ 逻辑鬼才 ◎ 倒霉蛋 ◎ 笨蛋 ◎ 外星人 ◎ 戏精 ◎ 身份违背者	
文案写作	文案的四项修炼 ◎ 行业 ◎ 思维 ◎ 工具 ◎ 技能	介绍语创作公式： 介绍语=是什么 介绍语=不是什么	广告语创作公式： 冲突+产品=化解冲突	品牌语创作公式： 实际自我+品牌=理想自我

反侵权盗版声明

举报电话：(010)88254396；(010)88258888

传　　真：(010)88254397

E - mail：dbqq@phei.com.cn

通信地址：北京市万寿路173信箱

电子工业出版社总编办公室

邮　　编：100036